MEMORIAS DE UN FUNCIONARIO

Rodolfo Livingston

Livingston, Rodolfo
Memorias de un funcionario. - 1a ed. - Buenos Aires: Nobuko, 2007.
188 p.: il.; 21x15 cm.

ISBN 978-987-584-121-5

1. Literatura Argentina. I. Título
CDD A860

Diseño de tapa: Juan Livingston
Diseño general: Florencia Turek
Corrección: Cristina Álvarez

Hecho el depósito que marca la ley 11.723

ISBN-13: 978-987-584-121-5

Octubre de 2007

MEMORIAS DE UN FUNCIONARIO

Rodolfo Livingston

nobuko

Dedico este libro a:
Los artistas argentinos, con el deseo
de que no pierdan nunca la ilusión
aunque se gaste la esperanza.
A los empleados del
Centro Cultural Recoleta.
A Horacio Salas sin cuya decisión
de nombrarme en el cargo
este libro no hubiera sido posible.

El autor

ÍNDICE

Prólogo para la edición del 2007

Las primeras ediciones de este libro (más de 10.000 ejemplares en total) me proporcionaron satisfacciones y sorpresas, que me gustaría relatar a los nuevos lectores.

Recibí muchas cartas, algunas de maestras y lectores de Salta, Tucumán y otras partes de Argentina: "aplicamos aquí su idea de "las patrullas", o hicimos tal o cual cosa, me contaban, y hasta me pedían permiso (¡!) para repetirlo en sus terruños.

El libro circuló entre funcionarios argentinos con sentido del humor y en Cuba, en la ciudad de Holguín, tuve el placer de comer bajo la luz de la luna sobre el techo de una casa adyacente a un restaurante. "Esto está inspirado en las terrazas que usted habilitó en Recoleta, Livingston", me contaba el director de cultura. Después me llevaron a unas ruinas a cielo abierto, en la misma ciudad. Varios reflectores iluminaban tangencialmente las paredes rotas y los asientos eran cubiertas de camiones colgadas como hamacas o apiladas de a dos, en el piso. La sorpresa fueron las bailarinas que aparecieron de pronto. Era "el baile entre las ruinas", otra idea rescatada del libro. No sé bien como hicieron las bailarinas para no tropezar, pero lo lograron y fue lindísimo.

La sorpresa mayor fue que el comandante Fidel Castro, cuando me recibió en su despacho en marzo de 1994, me dijo que el libro le había gustado mucho. Yo no se lo había enviado, no sé como le llegó, pero fue emocionante para mí, dada la profunda admiración que siento por él.

Una vez me llamaron de una organización empresarial judía, cuyo nombre no recuerdo, para hacer un "work shop" de una tarde de duración, sobre el contenido del libro, con "ceos" de distintos países. Les dije que estaban confundidos, que yo no era experto en gerenciamiento ni en psicología institucional. "Ya lo sabemos, arquitecto" -me respondieron. Es un ejercicio al que llamamos "shadow" (sombra), "consiste en conocer experiencias atípicas, sin pretender que sean óptimas o completas. Solo atípicas.

Así fue que pasé la tarde respondiendo preguntas (todos habían estudiado el libro) e intercambiando experiencias. Lo pasamos muy bien, y hasta me pagaron... en dólares!

El embrión de este libro fueron ocho artículos publicados en la legendaria Revista HUMOR, creación de mi primer editor, Andrés Cascioli, a quien saludo con afecto desde estas páginas. También saludo a los lectores, con el deseo de ser útil y hacerlos sonreír, una vocación que sigue presente en mi vida, junto a los afectos, su eje principal.

El Autor

PRÓLOGO

La característica fundamental de Rodolfo Livingston es su inapresabilidad, su imposibilidad de captura, de modo que ceñirme sólo al libro como crítica de instituciones burocráticas, sería traicionar el espíritu mismo de Rodolfo.

Su espíritu es pura energía que se expande por los bordes, por las fisuras. No hay entonces, libro posible que lo capture en una intrínseca representatividad, porque Rodolfo no representa a nadie, sólo se representa a sí mismo, pero expresa a muchos en cada una de sus intervenciones que transforma en verdaderos acontecimientos.

Hay dos circunstancias características que configuran la personalidad de Rodolfo: su rostridad y la posibilidad expansiva de sus intervenciones. Como diría Félix Guattari la rostridad que no consume la energía hacia su figura, sino que la expande a través de las múltiples resonancias que provocan sus intervenciones.

Su originalidad es expansiva, su creatividad es resonante, su espíritu anárquico es contagioso y multiplicador, actúa por contagio, no tiene doble, nadie se le parece, imposible de imitar sus ritmos y velocidades.

Deleuze lo definiría como una "máquina deseante" con acoplamientos y agenciamientos múltiples, puro devenir y acontecimiento, proceso rizomático, de ahí su inapresabilidad.

Deviene profesor de la Facultad (entraba y salía de ella en patines), deviene funcionario, arquitecto, político, socialista, urbanista, maratonista, psicólogo social, amante infatigable, señor distinguido, actor, Tarzán (hay múltiples anécdotas de sus aventuras y experiencias de Tarzán en la calle Florida), escritor, niño, conferencista, cómico, cubano, porteño, etcétera.

Lo que no deviene nunca es imperceptible. La inadvertibilidad es su escena temida, su final trágico, porque es máquina de puro acontecimiento, radial, televisivo o escrito. Rizoma puro.

Su institución es su propio cuerpo. La lleva a cuestas. No tiene nada ni nadie detrás. Ni siquiera una simple cobertura médica.

Pero la creación de cada acontecimiento livingstoniano, singular e inimitable, lo transforma a veces en un psicólogo social que realiza intervenciones institucionales de alto nivel. Estas intervenciones tienen la particularidad de filtrarse entre las fisuras del sistema, por hendiduras imperceptibles, en otra frecuencia, como cuando estuvo a punto de comunicarse telefónicamente con Ronald Reagan, pidiendo comunicación persona a persona con el presidente norteamericano para requerirle una visa urgente a USA en diciembre de 1983. Su llamado se filtró por los bordes del sistema de comunicaciones y luego de varias llamadas y contrallamadas logró llegar hasta el secretario privado del presidente norteamericano, que se disculpó diciendo que en "esos momentos el presidente estaba descansando en su Rancho". Le preguntó para qué quería hablar con el presidente. La visa la consiguió al otro día ante un llamado de la embajada norteamericana a su casa.

Desde esta perspectiva el libro también se convierte en un pequeño tratado sobre intervenciones institucionales rápidas, al estilo Loreau de la Escuela Institucionalista Francesa. El cuerpo de Rodolfo se deja afectar por un régimen de conexiones amplísimo. Cuerpo rodolfiano expansivo que produce impacto en el cuerpo y reflexión posible en el otro.

Capaz de salir de su egocentrismo con un acto de solidaridad intensa pudiendo perderse en el cuerpo de los otros. Curiosa metamorfosis de su narcisismo, narcisismo expansivo que necesita ser centralizado y focalizado en su cuerpo, en los comienzos, hasta realizar el acontecimiento que por el contrario lo convierte en puro fenómeno expansivo que aleja a sus interlocutores de su propio centro.

Ya no queda Rodolfo en el otro. Queda el tema abordado por Rodolfo en múltiples acontecimientos, que se amplían rizomáticamente en sus interlocutores, por contagio puro. Lo singular es el efecto que provoca. De cuerpo a cuerpo. De lo más individual a lo más social. Su utopía y su mundo de ilusiones logra convertirlo en un creador y defensor permanente de espacios saludables. ECOLOGISTA DE LA VIDA. Buceador incansable de los lugares más lindos de su ciudad y alrededores, coquetea con Bs. As. La seduce. Sale con ella. Hace el amor con su ciudad y por eso lucha por sus lugares bellos, como lo haría un hombre con su mujer amada.

Cada vez necesitamos más de sus utopías y de sus ilusiones. Cada vez necesitamos más de su espíritu romántico, de sus esperanzas y del amor a la vida, porque estar con él es siempre aprender a sonreír, aprender a estar alegre.

EDUARDO (TATO) PAVLOVSKY

CAPÍTULO 1

Nicolás Guillén, censurado.

Las oficinas del edificio central de la Municipalidad de Buenos Aires, en Avenida de Mayo, son realmente patéticas. Muchas de ellas deberían clausurarse a sí mismas, como el área de ceremonial, por ejemplo, que carece por completo de ventanas y de la menor ventilación.

La Secretaría Privada de Cultura, tiene, sí, ventanas, que iluminan vagamente el inflexible clima marrón, unas sillas destartaladas, de esas que se abandonan en la vereda, y las paredes revestidas con una "boisserie" que alguna vez fue respetable y que hoy apenas asoma entre los afiches de colores que las secretarias pegan con cinta scotch, en un intento desesperado por alegrarse la vida.

Hacía pocos días que había asumido el cargo de director general del Centro Cultural Recoleta (julio del '89), y asistía a la segunda reunión de directores de Cultura, presidida por

Horacio Salas. Se trataban tediosamente cuestiones administrativas, interrumpidas por los primeros rounds de una discusión que nunca entendí, y que siguió reanudándose después, a veces muy ásperamente, por el presupuesto del Teatro Colón. Mi esfuerzo constante por mantener la atención decaía por momentos. En realidad, yo quería contar mis proyectos culturales, pedir opinión y conocer los planes de los demás. Una vez, en la cuarta reunión, pregunté: "Señores, ¿cuándo vamos a hablar de cultura?" A Salas le cayó muy mal la pregunta y los demás nada dijeron. La sensación que recibí fue: "Este Livingston... siempre fuera de lugar, ¿cómo se le ocurre plantear eso?"

Por esos días había muerto Nicolás Guillén y yo tenía preparado y listo para su anuncio a la prensa un homenaje al poeta, con lectura de poemas y la difusión de su voz en un casete muy reciente que me había traído una amiga de Cuba; los poemas se alternaban con canciones de Bola de Nieve, el más conocido folklorista cubano. Hace ya 30 años que conozco y amo la poesía de Guillén; las vocales profundas en su voz me emocionaron siempre; en realidad conocí a Cuba, antes que nada, por Guillén, y son muy gratos los sentimientos y los recuerdos que me unen a ese país, donde transcurrieron 2 años muy intensos de mi vida.

Pero más allá de lo personal, Guillén es uno de los más grandes poetas en lengua española, mundialmente reconocido.

Pues bien, cuando le anuncié a Salas, en plena reunión, el inminente homenaje e hice la invitación a todos los presentes, reaccionó como si acabara de proponer un agasajo al general Camps, más o menos.

–¿Cómo decís?, ¿un homenaje a Guillén? ¿Cómo no me consultaste antes, no sabés que estamos bajo la lupa? (sic). Por supuesto que yo admiro a Guillén, pero en este momento... ¡sería el fin del gobierno municipal! (sic).

Azorado, busqué con la mirada el apoyo de mis compañeros Eliaschev, Paco Fernández de Rosa, Alfaro, Nebbia y todos los demás, pero nadie habló.

Al día siguiente reuní al grupo más allegado en el Centro Cultural. Estaba decidido a renunciar, a menos de 10 días de haber asumido. Si empezaba a dirigir un centro cultural enfrentando la prohibición de rendir homenaje a uno de los más grandes poetas latinoamericanos, ¿cómo seguiría la cosa?, ¿cuáles serían los próximos sapos que debería disponerme a tragar?

Dos homenajes en uno, o nada.

Fue entonces cuando intervino por primera vez Arnaldo Kon, el querido jefe de los psicólogos sociales, quienes gratuitamente se habían ofrecido para asesorarnos, al personal y a mí; una experiencia inédita en la función pública, de la cual valdría la pena hablar. Arnaldo me convenció para que no renunciara. "Tenés que aprender a ser más político..., un paso atrás y dos adelante; este proyecto debe seguir porque le estás dando lugar a muchos artistas." Al rato me llamó por teléfono el subsecretario, Leopoldo Halperín, para proponerme una fórmula de transacción: como el mismo día en que murió Guillén murió también Von Karajan, el famoso director de orquesta, me permitirían hacer el homenaje si en éste incluía a ambos simultáneamente. "¡Viste, viste...!", me decía Arnaldo, mientras yo le encargaba a mi entonces secretaria, la eficiente Laura Quesada (alias bomboncito de chocolate) que me averiguara el "currículum" de Von Karajan. Minutos después, y gracias a sus contactos con el diario Clarín, Laura me leía los datos de... un *casi nazi.*

"Está bien -dije, paseándome con un puntero por mi luminoso despacho, con ventanas hacia los árboles-, ya sé lo que haré: compararé la obra de Guillén, un artista comprometido con el dolor y con las alegrías de su pueblo, con la obra de quien domina su arte pero que sólo está comprometido con su ego." Me entusiasmé dictando mi imaginario discurso, que terminaba con el mayor de los desprecios hacia Von Karajan como persona. Cuando terminé de hablar, me envolvían las silenciosas miradas del grupo. Al rato, despaciosamente, como es su estilo, y pesando cada una de las sílabas, dijo Laura: "Pero me pa-re-ce que eso no sería un ho-me-na-je...". Tenía razón. Nos reímos, y suspendí todo.

Al día siguiente, en mi pequeño estudio-casa de San Telmo, me reuní con algunos amigos: entre ellos con Javier Torre (quien me auguró, premonitoriamente, 5 meses más de vida como funcionario), Mónica Müller y varios más. Escuchamos a Guillén, leí algún poema de mi cosecha, influenciadísimo por Guillén y piadosamente celebrado por los presentes, levantamos nuestras copas y brindamos con ron cubano que alguien había tenido la buena idea de aportar. El homenaje había quedado reducido por un jíbaro, pero finalmente existió.

Algunos meses después, en el Teatro San Martín, Salas presidía un homenaje a Raúl González Tuñón. Varios artistas leyeron sus hermosos poemas, como aquella elegía a los terrenos baldíos que leyó Víctor Laplace. Tanto González Tuñón como Guillén, eran comunistas, pero en ninguno de los dos homenajes era ése el tema, sino su obra. También la Municipalidad recibió a Tomás Borge, el ministro de Nicaragua, algún tiempo después.

Supe entonces que nadie le había prohibido a Salas que homenajeáramos a Guillén. Fue él mismo el que se censuró y me censuró.

Página/12, 23-06-1989

HORACIO SALAS

Un porteño "profesional" y, según él mismo enfatiza, "vocacional y fanático" ha sido designado secretario de Cultura de la Municipalidad. Reivindicando su identidad de poeta por encima de cualquier otra caracterización, Horacio Salas afirma que le divierte más trabajar en radio que ser funcionario y que aceptó el cargo porque piensa que puede "hacer algunas cosas" pese a

"Si hubiese presiones, volvería a la radio para protestar contra la censura"

la falta de divisas. Para tranquilidad de muchos, Salas sostiene que repudia los sectarismos y recuerda que por este mal vernáculo tuvo que exiliarse del país.

ocupa la posibilidad de *enfrentar* eventuales presiones?

—Si estas cosas se repiten desde mí, yo me voy. Tengo muchos amigos, ellos son absolutamente implacables, no me dejarían que claudicase. Y si hubiese presiones o censura, yo volvería a hacer radio para protestar contra la censura.

—A veces tengo la impresión que es más grave "bajar el tono" que callar.

—Bueno, uno a veces baja el tono y ni siquiera se da cuenta que lo hace. Pero insisto, creo que tengo amigos que siempre van a estar allí para aconsejarme en cualquier caso.

Martín que él. Pienso que empecinarnos e[n] el sectarismo ha sido uno de los males d[el] país. Yo he sufrido el sectarismo; lo sufrí an[tes] y ahora. Por el sectarismo me tuve que [ir] del país, yo no voy a caer en esta actitud. [Y] vuelvo a decirle, yo no soy un funcionari[o,] soy un poeta, y si puedo hacer algo lo voy [a] hacer desde el hecho de que soy un poeta.

—Amalia Fortabat dijo que Menem er[a] un caudillo fuerte como De Gaulle. La tras[]posición es inevitable, ¿le gustaría se[r] Malraux?

—Ese chiste ya me lo han hecho, pero yo l[o]

CAPÍTULO 2

Gabriela Populín designada Reina. Yo, ascendido a Dios. El cura de la Iglesia del Pilar, la campana y el telegrama al Papa.

A los pocos días de asumir el cargo de director del Centro Cultural Recoleta, descubrí que éste se comportaba como un gran teatro cuya función principal se celebraba el domingo. Ese día concurrían hasta 12.000 personas, mientras que los días de semana, apenas 100. Sin embargo, de lunes a viernes asistían 200 empleados y los domingos solamente 3 ó 4, los cuales eran ampliamente superados por toda clase de problemas: protestas varias, llamadas telefónicas que nadie atendía, tal o cual cosa que no llegó o no se produjo, algún borracho... en fin, los problemas de todo un pueblo, como son 12.000 personas juntas. Consulté con el director administrativo, quien descartó la posibilidad de contratar personal especial para esos días. Tampoco se podían pagar horas extra. Fue entonces que decidí crear...

El Poder del Domingo

Abrí un registro de voluntarios que se turnarían los fines de semana para formar un equipo de 16 personas, como mínimo, presididas por una REINA DEL DOMINGO y dos príncipes, elegidos los tres últimos entre el personal administrativo. En cuanto el nuevo sistema se puso en marcha, empezaron a resolverse no sólo los problemas del momento, sino también otros que estaban pendientes de solución desde hacía algún tiempo, como quitar unos horribles toldos verdes deteriorados, que tapaban el cielo, heredados de la administración anterior, pintar carteles indicadores, lograr que vinieran de otros organismos municipales para hacer determinados arreglos, etc., etc. Además, el tratamiento del público por parte de los empleados pasó de ser "bueno" a "muy bueno" y aun "excelente", según datos recogidos en las encuestas. ¿Cuál era el secreto? La monarquía del domingo y el clima alegre e informal que se generaba fuera de las rutinas habituales, atraía para desempeñar la tarea a los empleados-artistas, como era el caso de Gabriela Populín y los hermanos Buira, expertos esquivadores de lentos trámites municipales y dotados todos ellos, además, de especial sentido del humor.

Dada la importancia del domingo dentro de la vida del Centro Cultural me impuse la obligación de recorrerlo ese día, sin excepción, entre las 5 y las 8 de la tarde. Las reinas y los reyes solían llevar mate y facturas y eran visitados por parientes y amigos, que terminaban ayudando, en un clima de compañerismo y de trabajo. En una de esas reuniones alguien planteó el siguiente interrogante: "Si Gabriela es Reina y Elio (Buira) es Rey... ¿usted, qué es, arquitecto?" Por unos segundos nos miramos todos en silencio, hasta que estallamos en una sola carcajada, ante el descubrimiento simultáneo de la respuesta: evidentemente, yo era... ¡¡DIOS!!

Un día lunes, a primera hora, se presentó en mi despacho una empleada de la sección TRÁMITE, pálida del susto y sosteniendo un papel en la mano.

-Arquitecto... yo no sé lo que va a pasar, ¡pero mire lo que ENTRÓ!

-¿Qué entró? ¿Entró adónde?

-¡ENTRÓ!, ya TIENE CURSO, entró en trámite, ¡¡con sello y todo!! Y ahora, ¿QUÉ HACEMOS?

Lo que había "entrado", y seguramente orbitará para siempre en el silencioso mundo de los expedientes municipales, era uno de los maravillosos "partes diarios del domingo", de Gabriela Populín, quien, debajo de su firma, había estampado con letras de imprenta: REINA DEL DOMINGO. En síntesis, habíamos encontrado lo que luego llamaríamos LA FISURA. Una FISURA en el sistema administrativo, dentro del cual no estaba previsto el Poder del Domingo; una fisura sumamente interesante, que podría agrandarse y desencadenaría algunas reflexiones acerca de la burocracia, que desarrollaré en próximos capítulos.

Mientras tanto, ¿se habría infiltrado la monarquía, a la manera del virus informático, en el gobierno municipal?

La acusación del señor Galina

En una carta de lectores, publicada en el Diario PÁGINA 12 después de mi expulsión y firmada por el procurador general de la Municipalidad, señor Ángel Galina, éste me hace varias acusaciones que, en su momento, respondí en el mismo diario, con excepción de una de ellas, que no refuté por ser veraz, en cierto modo. Me acusaba el señor Galina de ser un "antiguo monarca" y de "vedetismo".

Pero la cosa era todavía peor de lo que él suponía: ¡había sido ascendido a DIOS, lo que es más que monarca, como se sabe, y culminación absoluta del vedetismo!

Por otra parte, ¿está en condiciones de comprender, un funcionario promedio, que es posible reírse, estar de muy buen humor y, al mismo tiempo, trabajar en serio? En síntesis, ¿que es posible JUGAR?

¿Podrían llegar a aceptar estas personas, que al margen de los juegos monárquicos, fueron los mismos empleados, por intermedio de sus delegados gremiales libremente elegidos, los que organizaron la reestructuración total del organigrama del Centro Cultural? Que los ascensos a los cargos iban a surgir de las propuestas de los mismos empleados, según tres pautas fijadas por mí y aprobadas por todos, a saber: 1) Eficiencia 2) Cumplimiento y 3) Compañerismo?

En definitiva yo estaba imponiendo un nuevo estilo de gobierno en el ámbito municipal: la cogestión gremial. O sea, la democracia. Habría quedado demostrado que la democracia, en lo cotidiano, funcionaba, y habría quedado demostrado también que no es indispensable estar permanentemente agobiado, apesadumbrado y encerrado en un despacho marrón, al mejor estilo Horacio Salas, para dirigir un organismo municipal.

Quizá, con mi conducta estaba yo cuestionando, aunque no fuera ése mi propósito, todo el funcionamiento del gobierno municipal. Y quizás, en última instancia, no fue Salas quien me expulsó, sino el Sistema.

Sin embargo, es probable que el procurador Galina hubiera podido comprender y aun aceptar estas cosas que lo inquietaban... si alguna vez hubiese ido por allí. Pero nunca fue, como tampoco fue el secretario de Cultura, como no fuera para un par de inauguraciones protocolares. ¡Qué bien les vendría a este tipo de funcionarios abandonar su pesadumbre y sentarse sobre un cajón a comer un choripán con los empleados y ser también, de vez en cuando, parte del público, estar del otro lado del mostrador!

El cura de la Iglesia del Pilar, la campana y el telegrama al Papa

Las terrazas del Centro Cultural estuvieron siempre clausuradas al público desde su inauguración, en 1983. El mismo día en que llegué las hice habilitar y a partir de entonces, miles de personas disfrutan de las vistas hacia Palermo y hacia el río, del silencio y de las atractivas formas post-modernas que los arquitectos Jacques Bedel y Clorindo Testa diseñaron a partir de los dormitorios y los lavaderos de las monjas que habitaban el ex convento de la Recoleta. El lugar es lindísimo y a la gente le encanta pasear por allí, sacarse fotos, dibujar o besarse pacíficamente.*

Un día, las psicólogas Carol Diamondstein y Hebe Molinuevo, que también patrullaban los domingos, descubrieron una vieja campana, de 200 años de antigüedad, colgada de una arcada. Al día siguiente ordené que habilitaran la campana, pero cuando la fui a ver noté que la soga quedaba a una altura inaccesible para el público. La hice alargar, pero siempre había alguno que la ataba de manera que no pudiera alcanzarse. "¡Es que la gente se pone a tocar...!", me dijo una vez un empleado. "¡Pero si ésa es la idea, precisamente!", le contesté ante su asombro. La prohibición es parte de la idiosincrasia nacional, parece. Primero se prohibe y después se justifica la prohibición con alguna excusa.

Eran notables las caras de placer de la gente, sobre todo los chicos, cuando tocaban la campana. "¡Las campanas fueron siempre para los curas, ahora hay más libertad!", "En el colegio la tocaban sólo los mejores", "¡Señor, créame, tengo 45 años y es la primera vez que toco una campana!", son algunos de los comentarios registrados. Pero pronto empezó a quejarse el cura de la Iglesia del Pilar, lindera con el C.C. Lo fui a ver con la intención de hacerme amigo, sintiéndome respaldado por mis 11 años de infructuosa formación jesuítica... pero nada. El

* Poco después de mi destitución, las terrazas fueron clausuradas nuevamente, argumentando supuestas reparaciones como excusa frente a los reclamos del público, pero éstas nunca existieron según me informan los empleados. Finalmente soldaron una reja en mitad de las escaleras, poniendo punto final al asunto (enero 1991).

párroco era seco y duro como una estaca; me anunció que ya se había quejado al arzobispo y que pronto recibiría noticias.

Pasaron los días y como el cura seguía blandiendo la amenaza del arzobispo, yo planeaba mi contraofensiva. Le haría un telegrama al Papa o lo llamaría por teléfono, como hice una vez con el presidente Reagan. Si bien éste no llegó a atenderme, movilicé a varios asesores en Washington durante una hora y media, y los funcionarios de ENTEL tuvieron que resignarse a no cobrarme la llamada porque la comunicación que había solicitado era persona a persona... y Reagan no me atendió.

También imaginé una carta al cura párroco, de la cual sólo conocía el final, que diría así: "...porque es bueno, señor cura, que se escuchen otras campanas".

El texto del telegrama era el siguiente:

Su Santidad
El Vaticano

ANTE INTOLERANCIA PÁRROCO IGLESIA DEL PILAR SONIDO CAMPANA SOLICITO INTERVENCIÓN DE SU SANTIDAD.

DIOS
Centro Cultural Recoleta
Buenos Aires, Argentina

En realidad dudaba si firmar con mi cargo, DIOS, lo cual le daba, sin duda, más contundencia al mensaje, o hacerlo con mi nombre, lo que le habría proporcionado mayor credibilidad. En fin, cuestión de detalles.

Pero nada de esto llegó a ocurrir, porque me echaron antes. "Menos mal..." dirán mis ex-jefes, "a esta altura ya habríamos tenido un conflicto diplomático con el Vaticano, y todo por una campana...".

Más absurdas todavía fueron las fantasías de Horacio Salas con mi balero y el embajador japonés... pero eso pertenece al próximo capítulo.

Un sector de las terrazas del Centro Cultural Recoleta.
Hacia la derecha, la torre de la Iglesia del Pilar.

Fotos del autor

Fotos del autor

En primer plano, la campana.
Las terrazas tienen una superficie total de 650 m^2
y estuvieron clausuradas hasta el mes de julio de 1989.

CAPÍTULO 3

Las fantasías de Horacio Salas con mi balero y el embajador japonés. La escritora que volvió de su destino y el senador Menem. El síndrome del secreto.

Además de las tediosas reuniones de los lunes en la Secretaría de Cultura, la única relación que logré tener con mi jefe, consistía en responder a sus espasmódicos llamados al orden, originados en los más insignificantes y variados motivos.

"¿Qué le pasará ahora?", me preguntaba cada vez que me anunciaban un llamado suyo, sintiéndome una especie de sobrino travieso, a pesar de ser varios años mayor que él. Un día, su secretaria le anticipó confidencialmente a la mía, antes de citarme en su despacho para el día siguiente. "Livingston pende de un hilo".

Allí estaba yo, a la hora señalada, cuando apareció Salas con cara de pocos amigos y más compungido que lo habitual, lo cual no es poco decir.

–Se ha quejado de vos el embajador japonés –me dijo– y eso es muy grave.

–¿Qué dijo?, ¿cuál fue la queja?, –pregunté asombrado, pues una rápida recorrida por mi computadora cerebral arrojaba resultados negativos. Sencillamente no conocía al embajador y jamás había hablado con él.

–No conozco el detalle, pero se quejó.

–Pero no puede ser... ¿cuál fue el motivo? ¿Fue por escrito? Quisiera más datos...

Ante mi insistencia, Salas trataba de cambiar de tema mientras iba suavizando, gradualmente, el tono de reproche, hasta que por fin terminó rogándome que olvidara por completo el "incidente", que todo "ya había sido superado", y que en realidad no había tenido tanta importancia.

Resuelto a develar el misterio, pedí una entrevista con el agregado cultural del Japón, señor Hidehiro Tsubaki. Cualquiera fuese el origen del malentendido, no deseaba que su embajador se sintiera ofendido, por supuesto.

El silencio total del lugar, las plantas, el exquisito té y la presencia misma del diplomático japonés, calmo y de buen humor, me transportaron por un momento, imaginariamente, al Japón. No me hubiera sorprendido la aparición de una geisha en cuyas manos me habría entregado dispuesto a confesarlo todo, yo, tosco occidental. En lo mejor de las caricias aparecería, quizás, alguno de los enemigos de James Bond, y, como él, sabría defenderme. Pero la voz del señor Tsubaki me devolvió amablemente a la realidad, asegurándome que no existía queja alguna del embajador con respecto a mí, y se mostró muy extrañado por semejante afirmación del secretario de Cultura. "Descarte, arquitecto, descarte", fueron sus palabras.

Recién varios días después supe la verdad (nada como los chismes de "privada" a "privada"). El origen del asunto fue un rumor, que Salas dio por cierto, según el cual yo había recibido al embajador del Japón jugando al balero y éste habría comentado: "Qué exótico el director de este Centro Cultural..., nunca tuve una entrevista así". En realidad, como todo rumor, tenía un origen cierto: yo tenía un balero en mi despacho y más de uno había jugado con él. También recibí en una oportunidad visitantes japoneses, aunque sin balero de por medio. Pero, ¿y si hubiese sido cierto? ¿Podría un japonés considerarnos exóticos por jugar al balero? ¿No fueron siempre ellos los dueños del exotismo? ¿Qué se hizo si no del "exótico Oriente"? ¿Acaso no hacen casas de papel, duermen en el suelo, comen cosas rarísimas, como pescado crudo y se hacen el harakiri?[1]

Los funcionarios y el humor

Es curiosa la relación de los funcionarios argentinos con el humor. Todos ellos, presidente de la República incluido, acuden prestamente al primer llamado de cualquier cómico de la televisión, donde son capaces, no solamente de jugar al balero, sino de dejarse gastar haciendo de gatitos, o poniéndose un pompón en la nariz, o lo que sea, con tal de demostrar que tienen sentido del humor; pero son incapaces de incorporarlo a su discurso político, de integrarlo al pensamiento como visión creadora y alternativa de las situaciones, que no otra cosa es el verdadero humor. Un simple balero en un despacho los espanta, como no sea bajo las órdenes del señor Sofovich.*

1. A estas rarezas habría que agregar los chorizos con miel, según declaraciones del bailarín Virulazo, a su regreso del Japón.

* Animador televisivo.

La escritora que volvió de su destino y el senador Menem

También esta vez la cosa empezó con un llamado de Salas. Su voz sonaba grave y levemente angustiada, a través del teléfono:

-Me acaba de llamar el senador Menem para transmitirme la queja de una empleada del Centro Cultural Recoleta. Se trata de una escritora, con un importantísimo currículum y dice que vos la has puesto en una mesa de informes...

Al día siguiente se produjo, en mi despacho, la reunión de los viernes con los jefes de Departamento. Yo había establecido que un Departamento completo debía concurrir a cada reunión en forma rotativa y ese día le tocaba al de la escritora. Con este sistema, todos los empleados tenían oportunidad de participar, cada tanto, en una reunión de dirección haciendo escuchar su voz. La delegación gremial asistía a todas estas reuniones, por invitación mía, y para ellos no existían secretos en la conducción del Centro.

El encuentro empezaba siempre con la autopresentación de cada uno de los integrantes del Departamento invitado, seguida por sus quejas y sugerencias (no se admitían las primeras sin las segundas, para estimular la creatividad y la participación). Cuando le llegó el turno a la escritora, le dije:

-Señora, tengo entendido que usted presentó una queja al senador Menem.

-No, no... eso ya pasó, está superado. -contestó sorprendida y algo avergonzada.

-Sin embargo, señora, deseo tratar el tema porque pueden volver a presentarse situaciones similares con otros empleados, y si esta forma de encarar los problemas se difundiera entre los centenares de miles de empleados de la administración pública, los senadores no dispondrían de tiempo para atender importantísimos asuntos. Además, en tal caso quedaría demostrada la inutilidad de los funcionarios de menor jerarquía, a quienes les corresponde resolver los problemas menores.

Expliqué seguidamente todas la instancias que tenía a su disposición el personal, a saber: 1) su jefe inmediato, 2) el jefe de Departamento, 3) la delegación gremial, 4) yo mismo, que recibía sin audiencia los días domingo.

Le aclaré también, y de paso a todos los presentes, que el turno de la mesa de informes era rotativo, y, lejos de ser un trabajo degradante, tal lugar representaba la cara del Centro Cultural, y que allí se precisaban, en consecuencia, las personas más cultas y de mejor humor. Además -agregué-, no existen trabajos degradantes aquí porque todos formamos un equipo. Yo mismo colaboré en la pintura de las terrazas y ayudé a entrar costosos equipos a punto de arruinarse bajo una lluvia repentina, lo cual me dio placer.

-Lo que pasa, señor director -me respondió la escritora-, es que yo no sabía nada de todo esto porque *acabo de volver de mi destino.*

-¡Pero señora!, ¿cómo es posible volver del destino, un lugar donde nadie ha estado aún...? pregunté asombrado, imaginando manifestaciones de tarotistas desocupadas y la caducidad definitiva de los horóscopos.

El Síndrome del Secreto

Evidentemente, yo no estaba entonces al tanto de la terminología municipal. Todos se rieron y en seguida me explicaron cómo es posible volver del destino, municipalmente hablando... El intendente Grosso acababa de ordenar (septiembre del '89) que los empleados que estuvieran "en comisión" (¡ése era el destino!) volvieran a sus lugares "naturales", lo cual resultaba lógico. Fue así como apareció entre nosotros la escritora, que venía del San Martín. Su sistema de protesta vía "amigo influyente" es habitual en la administración pública, pero en este caso no se correspondía con nuestro nuevo estilo de trabajo. La escritora y una amiga, incluida también en el asunto, comprendieron y se reintegraron a sus nuevas funciones sin resentimiento alguno. Pero lo más interesante para mí fueron los comentarios posteriores a la reunión:

–Arquitecto, cuando me dí cuenta de que *lo iba a decir*, ¡yo creí que me moría!

–Pero es que aquí *esas cosas* nunca se dicen delante de todos...

–La verdad... estuvo muy bien, creo que todos entendieron que ahora las cosas son diferentes.

Recapitulé entonces sobre mis primeros días de gestión. Durante mis habituales recorridas por las salas de exposición y por las oficinas, era común que se me acercara un empleado cada tanto, en actitud de complot, diciéndome por lo bajo:

–En algún momento yo quisiera hablar con usted, arquitecto..., aquí hay muchas cosas que usted tendría que saber...

–Bueno, está bien, me interesan, plantéelas en la reunión.

–Pero señor... usted no me entiende, son cosas que no se pueden decir ante otros...

–Si es algo personal llámeme a mi casa. Si es de trabajo discutámoslo entre todos. Todo se puede decir, menos insultos.

Frente a cualquier tema, la primera actitud de los funcionarios de alto nivel, que ocupan los llamados puestos políticos, es también el secreto, aun para las cosas menos secretas del mundo. Cuando hay que comunicar algo, la primera pregunta que surge es: "Y ahora... ¿cómo lo decimos?" *partiendo de la premisa tácita de que la verdad es innombrable y jamás, pero jamás es "políticamente conveniente".*

Al poco tiempo me dí cuenta de que esta verdadera institucionalización del ocultamiento, y aun de la mentira, *más allá de su conveniencia o inconveniencia,* es algo que ocurre en todos los ámbitos de la sociedad, desde las reuniones de consorcio hasta las encumbradas oficinas ministeriales.

"Políticamente no conviene" quiere decir "no lo digamos", o "digámoslo de tal manera que no se entienda". Semejante perversión de la política está extendida en el país y se apoya, quizás, en la desconfianza y en la subvaloración de los demás. Todo un tema para los psicólogos sociales, que escapa a mi alcance.

¿Por qué me nombraron?

Yo conocía a Horacio Salas porque me había invitado a su programa de radio un par de veces. Cuando me puso en funciones dijo públicamente que admiraba mi libertad y mi sentido del humor.

Curiosamente, me echó por las mismas razones. Creo que se imaginaba que al asumir el cargo me pondría una corbata en el cerebro y me convertiría en lo que para él es "un correcto funcionario"; es decir, en un obsecuente, que nunca dice lo que piensa ni hace lo que dice.

Grosso*, a quien no conocía personalmente, dijo por televisión que admiraba mi creatividad y que me proponía como "Catón estético de la ciudad"; pero después jamás me recibió para escuchar mis sugerencias, y me vi obligado a hacerlas en artículos periodísticos, lo cual les disgustaba. Admiraban mi libertad, pero no les gustaba que la ejerciera.

Pequeñeces municipales

Pequeñez 1 En el mes de noviembre ('89) autoricé un congreso de poesía y psicoanálisis, organizado por el Grupo Cero, con sobrados antecedentes en el tema. Enterado Salas, me llamó para protestar, diciendo que "esa gente no tenía nivel".

* Intendente de la ciudad de Buenos Aires.

Pronto supe que su enojo se debía a que no había sido invitado a participar. Lo invitaron y quedó encantado.

Pequeñez 2 Del mismo autor. En enero del '90 nombró nada menos que directora general adjunta del C.C.R. a la señora Sonia Passio, cuyo único antecedente en la cultura, según sus propias palabras, consiste en haber sido secretaria de Hugo Guerrero Marthineitz.

Pequeñez 3 Sábado 3 de febrero. Recital en Parque Lezama, auspiciado por la Municipalidad de Buenos Aires. Está a punto de subir al escenario Horacio Fontova. Se acerca el arquitecto Fito Rimedio (funcionario municipal) y le pide: "Por favor, no lo nombres a Livingston (me había visto entre el público), porque me comprometés".

Por supuesto, lo primero que hizo Fontova fue dedicarme una canción. ¿A quién se le ocurre censurar nada menos que a Fontova, un transgresor nato? Para la próxima, sugiero una fórmula de transacción: podrían llamarme "el arquitecto depuesto". Sabré comprender.

CAPÍTULO 4

Alfredo Moffatt y su secretario linyera. Los psicólogos sociales y la teoría de Don Pascual. La perra Laika, víctima de la bondad excesiva.

Las reuniones de los viernes eran útiles, no solamente por los problemas que se resolvían, como fueron El Poder del Domingo, los cursos de arte para los ex controles de sala convertidos en anfitriones y la coordinación operativa entre departamentos, entre otros, sino porque se establecían nuevas formas de comunicación entre las personas y se iban disipando los pequeños resentimientos que se alimentan en las oficinas durante años, cuando la gente no tiene este tipo de encuentros.

"¿Sabe que Fulana ya no me cae tan mal?" "Es notable, Fulano ahora sonríe, es otra persona", eran algunos de los comentarios que escuchaba después de las primeras reuniones.

Al principio saltaban chispas entre algunos de los presentes, como en esos diálogos ásperos que suelen tener los matrimonios por cuestiones nimias, detrás de las cuales se ocultan cosas jamás mencionadas. Yo estimulaba esos cortocircuitos hasta que los niveles eléctricos se emparejaban o se descargaban a tierra, todo en medio de un clima de buen humor que, una vez, se deslizó hacia el surrealismo. Fue cuando, en plena reunión, Alfredo Moffatt se asomó tímidamente por la puerta entreabierta, acompañado por su secretario linyera.

Alfredo era el gurú de los psicólogos sociales, y su secretario, un saldo que le quedó de la época en que dirigía el Instituto de los Mendigos Félix Lora. Los invité a pasar a los dos, porque me dio no sé qué rechazar al linyera, aunque, eso sí, le hice tirar antes su minúsculo pucho, pues en mi oficina no se permitía fumar.

El linyera se instaló cómodamente y se concentró de inmediato en la observación de las piernas de Gabriela Populín –asunto que, dicho sea de paso, nos distraía a más de uno–, asintiendo cada tanto con la cabeza, como para demostrar que no perdía el hilo. Todos actuaban como si su presencia en la reunión fuera normal. En un momento dado se acercó mi secretaria para anunciarme que había llegado el cerrajero, para arreglar (¡por fin!) la cerradura de mi despacho y momentos después, éste empezó a golpear la puerta rítmicamente. La escena se iba enriqueciendo en forma gradual. Me invadió entonces una ola repentina de tolerancia, calma y curiosidad por investigar los límites de la realidad, cuando a ésta se la deja fluir libremente. Inspirado, invité también a entrar a la perra Laika, escoltada por un grupo de electricistas que la protegían de una extremista de la bondad, la señora Marta Gutiérrez, presidenta de la Asociación Defensa del Animal (A.D.A.), que la perseguía para castrarla.

Pese a todo, curiosamente, la reunión continuaba. La escena se parecía ya a aquélla de los Hermanos Marx en Sopa de Ganso, donde Groucho hacía pasar a su pequeño camarote a una persona tras otra, contentísimo, y todo se iba complicando hasta el infinito, sin que a nadie pareciera importarle.

En determinado momento, en medio del caos, y justo cuando el contador Atis extraía, impertérrito, su legendaria Parker 51 negra con capuchón de oro, precursora de los grandes acuerdos, llamó Salas con alguno de sus dramáticos planteos urgentes. Ya era demasiado. Esa vez no alcancé a entender bien lo que me decía, en medio de las risas, los golpes del cerrajero, que no cesaban, y la euforia de Laika que celebraba su triunfo sobre la bondad humana correteando por el despacho, lamiéndonos a todos y ladrándole al linyera. Fue la catarsis.

No obstante, juro solemnemente que las restantes reuniones fueron más normales y a puertas cerradas. Se había tratado tan sólo de una exploración. A veces es conveniente cruzar los límites para saber dónde están, siempre y cuando, claro está, sea posible volver.

Los psicólogos sociales y la teoría de Don Pascual

Al principio de la gestión me había visitado mi amigo Arnaldo Kon, psicólogo social y persona multifacética, para ofrecerme los servicios de un grupo de psicólogos para colaborar gratuitamente en el Centro Cultural. Para ellos significaba un beneficio que la gente se enterase de qué es y para qué sirve la psicología social, una disciplina bastante poco conocida. Su trabajo se desarrollaría en tres frentes: 1) Conmigo, en forma personal, en lo relativo a mi trabajo como director. 2) Con el público y 3) con la delegación gremial y los empleados.

Las reglas serían muy simples: 1) Guardar secreto profesional (en otras palabras, no serían mis espías). 2) No tendrían autoridad jerárquica y solamente intervendrían en los grupos que los aceptaran libremente. El consultor máximo o control, en el lenguaje de los psicólogos, sería Alfredo Moffatt.

Antes de aceptar, resolví consultar la propuesta con los empleados durante la primera asamblea general que acababa de convocar. En ese momento plantearía también, entre otras cosas, el tema de la movilización corporal.

Fue entonces cuando intervino por primera vez mi supuesta consejera política, Diana Saiegh, a la sazón directora adjunta, un cargo inventado por el actual Gobierno. La función del director adjunto nunca fue aclarada, pero viene a ser algo así como un comisario político Ella me aconsejó que no propusiera el asunto de los psicólogos, pues los empleados temerían ser espiados, como parece ser que sucede en algunas empresas privadas. "Políticamente no conviene", fueron sus palabras.

Fue en esa oportunidad que inventé la llamada "Teoría de Don Pascual" que después aplicaría con frecuencia: "Si no quieren que lo haga, lo hago igual".

La propuesta tuvo plena aceptación en la asamblea, y al finalizar ésta, mientras nos dispersábamos en el patio central, varios empleados se acercaron a los psicólogos ávidos por plantearles sus problemas personales, o los de sus parientes cercanos. [Estos casos eran derivados, en general, al Bancadero, maravillosa institución sin fines de lucro, fundada por Moffatt, donde la gente es atendida pagando el precio de un atado de cigarrillos*]. En la Argentina actual los psicólogos son tan necesarios que las ciudades deberían ser patrulladas por ellos, para consolar y ayudar, en lugar de pedir documentos. Pues bien, algo parecido a esto empezó a concretarse en el C.C.R. Durante los 5 meses que duró mi gestión, los psicólogos colaboraron en la formación de un grupo de solidaridad, organizaron los "habladeros", consistentes en juntar al público en

* El Bancadero: Gascón 265. Tel. 982-7585.

pequeños grupos para intercambiar impresiones sobre las muestras. Filmaron en video, hicieron encuestas, me hacían notar cosas que yo no advertía... en fin, ayudaban a *comunicar.* Y *comunicar* era, precisamente el objetivo central de mi gestión.

¿Comunicar qué?

-Comunicar a la cultura con la gente.

-Comunicar al público con los empleados.

-Comunicar a los empleados entre sí y conmigo.

-Comunicar a los artistas con el público y con los empleados.

-Comunicar a los artistas entre sí.

-Comunicar al Centro Cultural con el resto de la sociedad.

Y comunicar también a la gente con la *escena* donde los hechos culturales tienen lugar, esto es, con el edificio y con sus patios techados por el cielo y también con su historia, que se remonta a la época de la colonia. Para lograr esto hice tirar paredes, que siempre sobran en los edificios argentinos, y luché por señalizar, colocar carteles, recibir quejas y sugerencias y contestarlas; en fin, informar y recibir información, calor humano. Ese fue el núcleo de mi breve gestión, y en eso colaboraron de manera inédita en el país e inadvertida por mis jefes, los psicólogos sociales.

El experimento fue interrumpido, es cierto, pero las semillas suelen germinar. A veces, entre las piedras secas y cuando los años han pasado.

Señor Director, ¡cuerpo a tierra!

La propuesta de movilización corporal consistió en que, dos veces por semana, durante 20 minutos y fuera de horario de trabajo, se formarían grupos voluntarios para moverse un poco, algo tan necesario para los oficinistas. La idea fue aceptada y los grupos empezaron a funcionar, dirigidos por empleados que tenían conocimientos de expresión corporal o de gimnasia. Por supuesto, yo me anoté entre los primeros participantes, para dar el ejemplo. Durante la primera clase, en medio del patio central vi asomarse a las ventanas caras asombradas, que se negaban a creer lo que veían: ¡el director general, boca abajo, en el piso, haciendo "lagartijas" bajo las órdenes de un empleado raso!

Las clases debieron suspenderse después, porque tendían a sobredimensionarse. Los profesores empezaron a pedir salas especiales, equipamiento, más tiempo... y el riesgo era convertir al C.C. en un gimnasio con un pequeño C.C. atrás... En su momento no pudimos manejar bien el problema pero la idea es factible de ser reflotada.

Las perras municipales no existen

La perra Laika no es empleada municipal en los papeles, pero nadie puede dudar de que pertenece al Centro Cultural Recoleta, y ella lo sabe. Basta con observar la forma como se instala, recostada con aire indiferente en el centro exacto del hall de entrada. Los empleados la protegen y la cuidan, en especial el electricista Jorge Doliszniak, una de las personas más valiosas del C.C: fue él quien la tuvo que esconder porque la presidenta de A.D.A., quería castrarla a toda costa argumentando que se trataba de una perra callejera y según un gráfico que mostraba, en pocos años se reproduciría geométricamente hasta tener 5.532 descendientes, los que se morirían de hambre o serían sacrificados por la perrera. Su argumentación era irrefutable, pero lo que no se le podía hacer entender a la bondadosa señora es que Laika era una perra municipal, con dueños que se harían cargo de sus hijos (como efectivamente ocurrió después con sus cinco cachorros). "Las perras municipales no existen", decía, enojadísima. Todo un caso de bondad ciega, o bondad extrema.

"Si no figura en el expediente no existe en el mundo", dijo una vez un juez, coincidiendo con la señora. Terrible pensamiento donde se resume uno de los aspectos potencialmente más dañinos de la burocracia como sistema: la negación de la realidad, reemplazada por símbolos.

Como pago por posar para la foto. Alfredo Moffatt (derecha) y su secretario linyera exigieron dos choripán cada uno, vino y postre.

CAPÍTULO 5

La arquitectura es una membrana reguladora de los encuentros humanos. Castas municipales: limitados y serales. Borges, inspector de gallinas.

Desde un principio concebí mi función como director del C.C.R. dividida en tres áreas: el Personal, el edificio y la programación. Evidentemente esta última era el objetivo central, pero su cumplimiento estaba sostenido por las otras dos.

Con respecto al Personal, mi propósito fue que se sintieran estimulados y felices. El método para lograrlo fue la participación de todos, mediante reuniones de trabajo y asambleas generales democráticamente conducidas.

Al principio de mi gestión me sorprendía encontrar empleados casi inmóviles y aislados del público en las salas de exposición. Eran los "Controles de sala", según rezaba un cartelito que exhibían prendido al pecho. Pronto recibieron cursos de arte y relaciones públicas, siendo estimulados también para hablar con los expositores y poder luego actuar como guías frente al público. Los profesores fueron sus mismos compañeros, pues existen allí empleados con excelente nivel cultural, poco aprovechados. *Sólo se trató de conectar lo que estaba aislado:* alumnos y profesores, público y empleados, empleados y artistas. Hice cambiar la leyenda de sus tarjetitas por otra que decía "Anfitrión", junto al nombre de cada uno, y permití que cambiaran de sala periódicamente, para que no se aburrieran.

La asistencia de los delegados gremiales a las reuniones de Dirección, las patrullas de psicólogos sociales y mi frecuente presencia en todos los lugares de trabajo; contribuían también al mismo fin: estimular y comunicar. No llegamos a concretar algunos proyectos, como la guardería para los hijos del personal, que mucho deseábamos, o las clases de movilización física, pero conseguimos mejorar e iniciar un camino, mostrando que era posible, y que no todo dependía del presupuesto.

Cada vez que me sentía ansioso por la "angustia del funcionario" –a la que me referiré más adelante–, me lanzaba a caminar por los pasillos y obtenía mi recompensa bajo la forma de gestos y frases afectuosas de los empleados que iba encontrando a mi paso. "Arquitecto, usted me hace sentir una persona", es algo que escuché más de una vez con desconcierto y emoción. ¿Cómo es, entonces, el tejido afectivo en una oficina pública?, es una pregunta que me hacía. Yo no lo sabía por experiencia, pero algo debía faltar para que se produjeran esas reacciones ante mi proceder, que yo consideraba normal. "Es que usted escucha", me dijo una vez una señora del personal de limpieza. Yo volvía a mi despacho con las pilas cargadas y sintiendo que todo valía la pena. Hoy siento una leve nostalgia al relatarlo, pero pienso volver a visitarlos.

El edificio, incluyendo sus terrazas y patios memorables, fue otro de mis campos de acción como funcionario. Hay casos, como podría ser la Secretaría de Calidad de Vida, por ejemplo, en los cuales el objetivo está situado fuera de su sede, pero el Centro Cultural Recoleta es precisamente el escenario de su razón de ser. El lugar se comporta entonces como una membrana reguladora de los encuentros entre la gente, la cultura y los artistas. Además de habilitar las terrazas, hice derribar muros recientemente agregados, que aislaban los pasillos de los patios y de la luz del día, y empecé a poner color en las paredes pintadas hasta entonces de un blanco monocorde (¡15.000 m^2 de blanco!) Hoy volvieron al blanco, porque siempre es más seguro no arriesgarse, no pensar, y el blanco es el nuevo "beige consorcio" de los años '80-'90.[2]

Mi preocupación fundamental, referida al edificio, era señalizar. En la Argentina nunca se sabe dónde queda el baño, ni dónde queda nada, en realidad. Pensemos si no en Tribunales, un oprobioso laberinto donde solo es posible orientarse con la ayuda de los ascensoristas o de serviciales presos reincidentes. O la monstruosa Estación Terminal de Omnibus en Retiro, señalizada por un sádico, con incomprensibles carteles grises sobre fondo gris. Sólo se destacan allí los anuncios de los "sponsors". Y lo mismo ocurre con el C.C.R.

Llamé a un concurso de señalización organizado por la Asociación de Diseñadores Gráficos, que no llegó a concretarse antes de mi expulsión. Logré, sí, algunos cartelitos provisorios

2. Beige consorcio: Único color aprobado por la clase media para pintar el hall de entrada. Es el color promedio de todos los miedos. El color de la mediocridad. El no-color.

(es decir, definitivos...), entre ellos aquél ubicado a la llegada de la escalera que conduce a las terrazas, que decía: "Si usted continúa agitado durante más de 2 minutos, su estado físico no es bueno". Algunas personas se reían y otras se tomaban el pulso con toda seriedad.

Borges, inspector de gallinas

Por piedad hacia la lectora (¿por qué siempre "el lector"?), no intentaré explicar aquí las distintas categorías, obligaciones y sueldos de los empleados municipales. (Es conveniente recordar, al respecto, que fui nombrado DIOS en el Capítulo 2 y mi bondad se ha incrementado, en consecuencia, hasta llegar a ser prácticamente infinita.)

Existen títulos que, dichos en tono fuerte, podrían provocar reacción violenta en cualquier subsecretario. Por ejemplo, *estipendiario extraescalafonario.* Sin embargo, eso es lo que son, aunque lo ignoren. Pero lo que más me llamó la atención fueron los *limitados* y los *serales.*

"¡Allí va fulano!... es un limitado", suele decirse en voz baja. Fulano ha sido jefe de tal o cual oficina importante, o aun subsecretario de algo. El limitado pasa, con aire alicaído y mirada plana, sin horizonte. El limitado siempre *pasa* porque no suele tener trabajo concreto, necesario. Su figura toda encarna la resignación. Mantiene su cargo de director general o jefe de departamento, pero ha caído en desgracia y se le ha escamoteado la función, la autoridad. El cargo se ha convertido en una cáscara vaciada de contenido y él mismo parece identificarse con su situación municipal, comprometiendo en ello toda su personalidad.

Durante la década del '50, Jorge Luis Borges, por ese entonces director de la Biblioteca Nacional, fue enviado a inspeccionar gallinas en los mercados de la provincia de Buenos Aires por el secretario de Cultura de la época (¿quién era?, ¿quién se acuerda de él?) y, por supuesto, renunció.

Cuando quisieron desplazar a Alfredo Moffatt de la Dirección del Instituto Félix Lora, durante el último gobierno radical, lo enviaron como sobrestante de obra a contar ladrillos al Parque Chacabuco, pues descubrieron su remoto título de arquitecto, profesión que jamás ejerció.

En la empresa privada ocurre lo mismo con los empleados que no quieren echar, por una u otra razón. En ese caso se llaman *congelados.* Ambos términos, limitado y congelado, implican inmovilidad, no-crecimiento, dos características diametralmente opuestas a la vida. Es decir, que la condena es a muerte. Se trata de una versión atenuada de Siberia o el manicomio, utilizadas en la Unión Soviética antes de la perestroika para apartar a los indeseables.

Al principio, el congelado suele pensar: "Total, cobro lo mismo y no hago nada... qué más quiero" y se dispone a cumplir una función inútil o a pasear por los pasillos. No tarda en descubrir que el aparente beneficio, es, en realidad, una condena, pues se trata nada más ni nada menos que de la enajenación del tiempo, material irreemplazable, no acumulable e intransferible de la vida. No todos poseen "en grado eminente" -como decía Borges de Macedonio Fernández- "el difícil arte de la inacción y de la soledad".

El limitado tiene un estigma. El hierro candente, otrora estigmatizador de los esclavos, ha sido reemplazado por un expediente de papel, pero su efecto es el mismo.

Alguna vez imaginé qué haría yo, en tal caso, si no renunciara. Es impensable pero, en fin, lo imaginé, y hacerlo me sirvió para ayudar a otros, como ya se verá. Empezaría por mandarme a hacer tarjetas que dijeran debajo de mi nombre: *Ilimitado,* y pondría un cartel igual sobre mi escritorio, para que todos lo leyeran. Nadie podría objetarlo pues se trataría de otra FISURA en el Sistema y por esa fisura penetraría toda mi energía, toda mi fantasía. Sólo una "i" bastaría para revertir mi situación. Si mi tarea fuese la limpieza, la mejoraría hasta el paroxismo, escribiría un cuento a la manera de "Instrucciones para bajar una escalera", de Cortázar, y haría un poema titulado "Canto al balde, pero no en balde". Organizaría limpiezas cantadas, al modo de las comedias musicales norteamericanas de la década del '50.

Podría objetarse que una simple "i" no cambia nada, pero lo cambia todo. El efecto *vudú* [3] sólo actúa en el damnificado cuando éste *sabe* que están pinchando el muñeco. Pero... y si supiera o creyera lo contrario, es decir, que le están haciendo bien, ¿cuál podría ser el efecto?

Lo que importa entonces no son los hechos, sino nuestra relación con los hechos. El invisible y transformable vínculo con la realidad. Y es allí donde se puede actuar.

En el C.C.R. encontré un arquitecto limitado, que ayudado por una colega, pasaba sus horas haciendo cartelitos a mano en papel cuadriculado para la cartelera del hall de entrada.

Mandé a hacer los carteles por computadora y puse a los arquitectos a cargo del proyecto de reordenamiento del edificio y de la jefatura de mantenimiento, respectivamente. Todo mejoró para ellos y para la organización.

Otro caso fue el de Lilia Conte, ex directora de Investigación Educativa de la Secretaría de Educación. La encontré limitada (aunque no vencida ni deprimida) y la convertí en jefa de mis secretarias (eran dos en total, ella y otra más) y en embajadora ante los agregados culturales, a cargo de la organización del mes latinoamericano, programado para junio de ese año.

La belleza plena de sus brillantes 40 años y su eficiencia la convirtieron en la mejor secretaria que tuve nunca. Según ella,

3. Rito vudú: Magia de origen haitiano consistente en pinchar con alfileres un pequeño muñeco que representa la figura del damnificado.

el hecho de reírse todo el tiempo en su nueva función, mejoraba su cumplimiento. Como a tantas otras excelentes personas del Centro Cultural Recoleta, yo te saludo Lilia, ¡ilimitada compañera!

Los serales

El nombre viene de sera, *atardecer* en italiano, y se originó durante los primeros años del siglo, cuando el Teatro Colón contrataba personal nocturno, a destajo. Electricistas, tramoyistas y extras fueron los primeros serales.

La categoría seral existe actualmente sólo en la Municipalidad de Buenos Aires. El seral es una subcategoría de los contratados, pero no se le paga por mes, sino por horas. Su inestabilidad es total. Son contratados por 2, 3 ó 6 meses, según la voluntad del director, aunque en la práctica sean permanentes. Se trata de la casta más desprotegida. Son los verdaderos parias de la Municipalidad. Como es de suponer, y no por casualidad, desempeñan las tareas menos prestigiosas, como son la limpieza y el mantenimiento, siendo mujeres buena parte de ellos.

Como castigo adicional, los serales no cobran el último día hábil del mes, como los demás empleados, sino entre el 7 y el 10 del mes siguiente. Tengo siempre presentes las miradas expectantes de los trabajadores *que todavía hoy no entienden por qué deben esperar para cobrar un dinero que les corresponde, y que está allí; ¡y que a veces no les alcanza ni para pagar el viaje hasta su lugar de trabajo!*

–¿A qué se debe esta injusticia?, le pregunté al Sr. Jorge Elvira, director general de Personal de la Municipalidad de Bs. As.

–Es un problema de la computadora, me contestó.

Tuve que hacer un esfuerzo para no pegarle una trompada allí mismo (todavía recuerdo la oleada de adrenalina que debí sofrenar). Se lo planteé también al intendente Grosso delante de todos los directores generales, en la única reunión que tuvimos con él la gente de la Secretaría de Cultura. Prometió ocuparse pero hasta hoy la injusticia sigue en pie, arrojando una sombra de indignidad sobre el Gobierno Municipal, pues lo primero que se debe respetar es a la gente y cuando una computadora se coloca por delante de los derechos personales, lo que se muestra es una profunda insensibilidad, sumada a la estupidez. Nefasta combinación.

Por otra parte diré que la trompada aquella que no fue, no se borró de mi mente. Le recuerdo al –o los– destinatarios de mi santa indignación que mi estado físico es excelente, pues corro 50 kilómetros semanales y me entrena Miguel Ángel Castellini. ¿Es una amenaza o una fantasía? Quién sabe. Es muy saludable realizar alguna fantasía, de tanto en tanto.

La despedida

Cuando fui invitado al asado de fin de año por la gente de limpieza y de mantenimiento, no sabía que se trataría de una despedida. El día anterior a nuestro almuerzo de camaradería, el jueves 21 de diciembre de 1989 por la tarde, recibí el intempestivo pedido de renuncia que me hiciera Horacio Salas, telefónicamente. Cuando empezó la reunión sabía que en algún momento tendría que anunciar mi alejamiento. Almorzamos de muy buen humor y antes de despedirnos, el delegado gremial Osvaldo Ammann aplacó la música del grabador, reunió a sus compañeros y, muy brevemente, les comuniqué a todos que el secretario de Cultura me había pedido la renuncia, sin explicarme los motivos de su determinación. Les dije también que no pensaba renunciar porque me gustaba mi trabajo y contaba, además, con la aprobación manifiesta del público, de los artistas y de los empleados. Tendrían que echarme, como efectivamente ocurrió días después.

Eran unas cincuenta personas y una por una se despidieron afectuosamente de mí. Después nos sacamos las fotos que ilustran este capítulo.

Tengo un recuerdo grato y emotivo de ese asado al que solamente fuimos invitadas tres personas del sector administrativo. La larga mesa de tablones se extendía sobre el piso de tierra, dentro de un sector del edificio que está en ruinas. Ventanas sin marcos ni vidrios, chamamés, baile y la perra Laika que saludaba a todo el mundo participando de la fiesta. La parrilla era un elástico que alguna vez perteneció a una cama de dos plazas. El ruido de la calle no llegaba hasta allí. Por los huecos de las paredes asomaban el cielo y las palmeras, apenas agitadas por el viento.

Podríamos haber estado en pleno campo, en la provincia de Corrientes, por ejemplo, y sin embargo, a pocos pasos de allí la patria financiera almorzaba en Gato Dumas, en Lola o en La Biela.

En medio del sector más cheto de la ciudad se desarrollaba la escena, coherente en sí misma, de este micromundo popular. En este sitio, pensé, se resume todo el país. Aquí están todos los datos, como en una célula cualquiera del cuerpo humano que contiene la totalidad de la información genética, sólo que ese sector no estaba habilitado y lo que allí ocurría no figuraba en ningún programa cultural. Era la vida que surgía, autónoma, entre los muros abandonados de una ciudad insensible.

Viernes 22 de diciembre de 1989: el asado de despedida.

Pedro Tapia, Sergio Caruccio, Norberto Russo, Eduardo Gutiérrez, Osvaldo Ammann, Ramón Caballero, Hugo Cristiano, Ernesto Sánchez, Héctor González, Hugo Arévalo, Carlos Niedasztko, Reinaldo Manzur, Lucio Silva, Jesús Martínez, Ramón Moreno, Miguel Repetto, Alfredo Labonia, Pablo Till, Belarmino Escobar, Jorge Doliszniak y la perra Laika, con el autor.

Mónica Escamilla, Matte Zaballa, Ramona Moya, Noemí Rodríguez, Aída Fragolá, Isabel Chiessa, María Álvarez, Cristina Pérez, Nilda Gijena, Carmen Dubarán, Ester Estevecorena y María Luisa Yacobaccio.

CAPÍTULO 6

Grosso y el misterioso sueldo de Renán.

Fue Litto Nebbia, director del Centro de Divulgación Musical, quien me lo comentó por primera vez:

–¿Sabés que a Renán le van a pagar 3.000 dólares por mes en la Municipalidad?

Convinimos en que semejante sueldo sería injusto, pues Sergio Renán, director del Teatro Colón, tenía el mismo cargo que nosotros, que cobrábamos el equivalente a 180 dólares y debíamos pagar a cada rato, con nuestro sueldo, fotocopias, carpetas y otros gastos del momento porque no teníamos ni siquiera caja chica.

–Mirá –siguió diciendo Litto–, los directores generales de la Secretaría de Cultura vamos a tener nuestra primera reunión con Grosso, y Leopoldo Halperín (el subsecretario) planteará allí el asunto, en nombre de los demás. ¿Estás de acuerdo?

–Por supuesto –le contesté.

Los integrantes de la plana mayor de la Secretaría (unas 20 personas) esperábamos al intendente alrededor de la larga mesa de reuniones. Desde una pared nos vigilaba, adusto, Domingo Faustino Sarmiento (¿o sería Enrique Muiño?) y en el ángulo opuesto languidecía un enorme y desactualizado mapa de Buenos Aires.

Bastante retrasado, Grosso hizo su entrada cumpliendo rápidamente con el rito *iniciación de entrevista* de todo funcionario argentino: "Disculpen... no podía zafar, me tienen loco, anoche no dormí. En fin... aquí estoy" (el rito se completa con un leve suspiro, advirtiendo de este modo al entrevistado, que un nuevo problema podría enviarlo directamente a la tumba). Si bien Grosso cumple con estos ritos, es más inteligente y culto que la mayoría de los políticos, tiene sentido del humor y nadie le escribe los discursos, que suelen ser elocuentes.

Casi todos nos tuteábamos con el intendente, sin embargo, el clima de la reunión era solemne y poco relajado; los participantes, impresionados ante la autoridad (o por el largo de la mesa) se expresaban con más vueltas que lo habitual. En esos casos las cosas nunca son "tan así" y tienen innumerables aspectos. Nada es contundente, simple o claro. El "de alguna manera", "un poco como si" y la complicación en general, hacen aparecer más inteligente y mesurado al que habla. Todo se hace entonces lavado, larguísimo y aburrido.

En un momento dado, Halperín empezó a plantear el problema de nuestros bajos sueldos. ("Ahora dice lo de Renán..." pensé. Pero nada. No lo decía y no lo decía...) Cuando me dí cuenta de que *no lo iba a decir,* y aprovechando un momento de silencio, levanté la mano desde el extremo de la mesa opuesto al que ocupaba Grosso y le pregunté:

–Carlos, ¿es cierto que le van a pagar 3.000 dólares de sueldo a uno de los directores?

Se produjo entonces un congelado total de la imagen, igual que en la televisión, en los finales de las series yanquis, pero sin sonido ni títulos sobreimpresos. Recuerdo lapiceras detenidas en el aire y miradas sin párpados, clavadas en puntos fijos. Sentía claramente sobre mí el peso de haber dicho algo terrible, inmencionable. Grosso tardó unos segundos en reponerse y poniendo una cara de asombro que revelaba a lo lejos la falta de ensayo previo, balbuceó:

–No... que yo sepa... no estoy al tanto.

–Quiero decir, –agregué– que ese sueldo me parece inmoral en estos momentos y que si me lo ofreciesen lo rechazaría, pues perdería autoridad para pararme delante de los demás empleados de mi centro de trabajo y hablarles cara a cara como lo hago hoy.

Salas intentó romper el hielo con un chiste: –Bueno, en ese caso, dame a mí lo que te sobre je, je, –Pero nadie se rió. Se recompuso la reunión y pasaron a otro tema, como si nada hubiera ocurrido. Cuando terminó el cónclave, sólo se me acercó el director administrativo de la M.B.A., Rodolfo Beltramini riéndose por lo bajo con simpatía y complicidad por mi intervención. Litto Nebbia me pidió 2.000 australes prestados "hasta el lunes" (aprovecho la oportunidad para solicitarle, discretamente, su devolución) sin mencionar siquiera el asunto del sueldazo de Renán, que él mismo había planeado originalmente. ¿Y Renán? Me quitó no solamente el saludo, sino también la mirada. Experimenté frente a él, y desde entonces, la curiosa sensación de ser invisible.

En definitiva, ¿es o no es cierto el supersueldo de Renán?

No se sabe. El misterioso *Síndrome del Secreto,* se había impuesto nuevamente con la aprobación de los presentes. Yo quedé, una vez más, con la sensación de ser *el niño-terrible-a-quien-no-se-puede-llevar-a-ninguna-parte,* pues es capaz de decir "cualquier barbaridad"... Sin embargo, habíamos quedado previamente en preguntar algo. ¡Y yo me limité a hacerlo!

El episodio del balero que, demás está decirlo, es absolutamente verídico, hizo quedar en ridículo al secretario de Cultura, ante el embajador del Japón, ¿No hubiera sido más sencillo para él preguntarme simplemente por teléfono: "Rodolfo, es cierto que recibiste al embajador jugando al balero"? Se hubiese enterado inmediatamente de que no fue así y hubiera evitado su propio disgusto inicial, el tiempo que gastamos y el papelón que hizo.

El día en que estoy terminando de escribir este episodio, leo en la tapa del Diario PÁGINA 12 un recuadro que termina de confirmar que el S.N.S. (Síndrome Nacional del Secreto) es una auténtica realidad.

Creo que hay que iniciar un debate amplio y una posterior campaña para combatir este mal en la familia, en los consorcios, en las empresas y en la política. Un slogan podría ser ¡DÍGALO! AUNQUE SEA CON MÍMICA, PERO DÍGALO. Quizás un día el S.N.S. pueda ser derrotado, con beneficio para todos.

BASES

Pregunta. –¿Qué contiene el documento aprobado hoy parcialmente por representantes del Gobierno, entidades empresariales y gremiales?

Respuesta. –Contiene las bases para delinear un modelo de país.

P. –¿Cuáles son esas bases para la transformación del país?

R. –No podemos decirlo porque puede ser pernicioso en este camino complejo de aproximación al consenso.

P. –Pero si esas bases no son conocidas, ¿cómo pueden lograr consenso?

R. –Primero hay que lograr consenso en la comisión, y se trata de una tarea que no se agota en una o dos reuniones.

P. –¿Y cuánto tiempo puede demorar ese acuerdo para la transformación del país?

R. –Por tratarse de una instancia participativa puede durar todo nuestro gobierno.

(Respuestas del secretario de Planeamiento, Moisés Ikonicoff, al retirarse ayer de una reunión en la Subsecretaría de Industria y Comercio.)

Página/12, 5-04-1990

CAPÍTULO 7

Los artistas programan el Centro

En medicina existe un principio fundamental, prioritario sobre la misión de aliviar y curar. Ese principio es *no dañar.*

El criterio es igualmente aplicable, a mi juicio, en el caso de un funcionario que asume su cargo. Fue así como, al iniciar mi gestión como director del C.C.R., me propuse conocer y respetar todo lo que andaba bien, lo que contaba con la aprobación entusiasta del público y de los entendidos. Encontré programaciones y equipos humanos magníficos, cuya continuidad garanticé expresamente, estimulándolos, además, todo lo posible.

Mantuve la totalidad de la programación de los meses que restaban de 1989 –planeada por mi antecesor, el arquitecto Giesso–, por respeto a los artistas comprometidos en ella. Resucité áreas que habían languidecido, como la actividad infantil, reorganicé otras, y me dediqué de lleno a preparar el programa del año '90.

Me propuse aumentar en un 500 por ciento el espacio destinado a la fotografía, por una parte, y a la arquitectura y el urbanismo por la otra. Estas artes están muy relegadas en nuestro país, tanto, que a veces ni siquiera se las nombra cuando se habla de cultura. ¿Cómo se explica sino la monumental ignorancia demostrada por el gobierno en la destrucción de la barranca de la Plaza San Martín? ¿Cómo es posible que se desconozca, hasta el momento, la opinión al respecto de los secretarios de Cultura (nacional y municipal)?

Sencillamente porque *carecen de cultura urbana.* Prefieren rendir frecuentes y decorosos homenajes a los letristas de tango que describieron con amor rincones de los barrios, a defender esos mismos barrios, esquinas y plazas destrozados una y otra vez por la soberbia y la ignorancia.

Ignoran que civilización y ciudad tienen la misma raíz porque ignoran las raíces y desvían la mirada cuando otros pisan los cultivos. Prefieren siempre los monumentos a los héroes.

Una de las causas de semejante incultura es la enseñanza. En los colegios jamás se enseñó de arquitectura y urbanismo otra cosa que la fachada de la Casa de Tucumán. No se fomenta el conocimiento y el amor por nuestra ciudad. De las plantas, sólo aprendimos la clasificación de las monocotiledóneas, pero no a respetar y amar a los árboles.

Fue por esa razón que quisimos ampliar el área dedicada a la arquitectura y a la ciudad y programamos exposiciones de casas y barrios con asistencia de sus habitantes, quienes debatirían acerca de su vida, en relación con los lugares, analizando problemas y propuestas, asistidos por arquitectos.

Dónde vivimos, cómo son las casas de los porteños por adentro y por afuera, qué podemos hacer para mejorarlas, aún sin presupuesto; discutir sobre lo hermoso y lo feo, para desarrollar el innato y anestesiado sentido de la belleza en la gente, ése era nuestro plan que llegó a programarse por completo, mes a mes, para el año '90.

Había designado como coordinador general del área al arquitecto Juan Molina y Vedia, un inagotable buceador de nuestra arquitectura y afectuoso rescatador de valores ignorados. Juan obtuvo la colaboración gratuita de organizaciones barriales, cátedras de la Facultad de Arquitectura y la de numerosos arquitectos que habían sido convocados, *y convocaban ellos mismos,* a *su vez,* con ese fin.

Es poco lo que hoy queda en pie de esta programación, Molina y Vedia no está más allí. Graciela González (brillante coordinadora del área infantil) tampoco está y las actividades para los chicos con participación de ellos, fueron reemplazadas por simples funciones de teatro.

Clausuraron de nuevo las terrazas (campana incluida, por supuesto). Las reuniones con el personal no se hicieron más y las propuestas de los empleados para mejorar el rendimiento no son escuchadas. La delegación gremial no es tenida en cuenta por las nuevas autoridades del C.C.R.

El silencioso secretario municipal de Cultura, Horacio Salas, estará contento. Ha conseguido librarse de mi "excéntrico sentido del humor" (según dijo públicamente) y, de paso, borró con una firma el trabajo que hizo mucha gente, durante 5 meses y medio.

Tanto en la Plaza San Martín, como en el Centro Cultural Recoleta, el principio de *no dañar* fue violado con torpeza, sin escuchar, en ambos casos, la opinión de la gente ni la opinión de los entendidos. A decretazo limpio, nomás. "No tengo por qué dar examen de pluralismo", dijo el secretario en el Diario CLARÍN.

Mejor para él, porque seguramente le pondrían cero.

Sin embargo, creo que quedan semillas y tarde o temprano, las semillas germinan.

Los artistas programan el Centro

Como las áreas culturales eran muchas (música, danza, foto, cine, pintura, escultura, teatro, etc.), decidí encabezar cada una de ellas con un equipo formado por tres coordinadores, quienes debían elaborar programas para todo el año y seleccionar las propuestas que llegaban. Quise evitar que un solo crítico famoso (al que suelen llamar "curador") eligiera todo, porque de esa manera se corre el riesgo de privilegiar a un grupo de amigos del supercrítico, o una tendencia, dejando de lado a mucha gente de valor.

Los equipos estaban formados por personas de espíritu abierto, artistas ellos mismos y reconocidos por sus pares. Nos reuníamos todos una vez por mes, a veces en la terraza, ante la vista del público.

Colaboraban ad honórem, pues ni siquiera conseguí que les pagaran los viáticos.

Durante el primer encuentro expliqué cuáles eran mis conceptos básicos relacionados con la cultura y con el C.C.R. en particular, y las grandes líneas de acción. Cada uno de los integrantes dio su opinión; luego provoqué la confrontación e hice el resumen final.

Las reuniones posteriores se desarrollaron siguiendo el mismo método. Era intelectualmente excitante participar de esa espiral ascendente del pensamiento grupal, una especie de ping gong, loco por momentos, dentro del cual mi papel era el de agente catalítico, estimulador y "resumidor" de ese cerebro nuevo, formado por el cerebro de los participantes. Mi función era mantener vivo el juego, recoger los frutos y mostrarlos a todos.

Surgieron propuestas combinadas entre las áreas de fotografía y las de pintura y cine, junto con las actividades infantiles. El programa para los chicos, que se puso en marcha con éxito, se integraría con "Los mayores en el Centro" (excelente programa que ya existía, coordinado por Marita Marelli) invitando a los abuelos para que cuenten cuentos a los chicos y relacionen sus historias personales con los barrios, con la historia urbana y social del país, contenida siempre en esos cálidos relatos personales, de la misma manera que las muñecas chinas se contienen unas dentro de las otras.

También programamos juegos de otras épocas y de otros países latinoamericanos, concursos de fotos sobre esas mismas actividades, fotos de la luna de miel ("Haceme clic", se llamaba esta propuesta de Eduardo Gil), la exposición "PUAF", dedicada a los horrores urbanos, seguida de debate y docenas de programas más, surgidos de la imaginación del grupo, en los cuales la cultura estaba siempre ligada a la vida, a la alegría, a la nostalgia y al humor. Pocos días antes de ser expulsado, en diciembre del '89, presenté el plan completo para 1990 en conferencia de prensa.

Creo que este plan –que ocupa un cuadernillo de 30 páginas–, podría ser de utilidad en la programación de otros Centros Culturales, tal vez en los barrios y en el interior del país.

Discusiones interesantes

Todos se iban contentos de esas reuniones y lo manifestaban abiertamente. "Fue muy productivo", "nunca tuve una reunión así", "aprendí mucho", era lo que decían al despedirse cada vez. También hice reuniones con los artistas que estaban exponiendo en cumplimiento de la programación anterior. En esos encuentros surgieron discusiones interesantes; por ejemplo, acerca de la participación de los autores en las muestras. Yo sostenía que los artistas debían exponerse ellos mismos junto a sus trabajos.

El C.C.R. no es una galería de arte más, sino un Paseo Didáctico, un lugar de encuentro con la belleza, con la reflexión y con el conocimiento. La mayoría coincidía con ese planteo pero algunos sostenían que el arte debe explicarse por sí mismo y que no era necesaria, en consecuencia, la participación activa de los artistas en las exposiciones.

Sin embargo, al recorrer las salas en nuestras visitas de los domingos, con la patrulla de psicólogos, comprobábamos que la vida estaba donde había gente mirando cómo se hacía la cerámica o la escultura (o creando ellos mismos, como en el grupo Los Mayores en el Centro, entre otros) y no donde yacían obras de arte que parecían abandonadas. Al fin y al cabo –reflexionábamos–, la cultura debe ser siempre un homenaje a la vida y la vida estaba allí donde estaba la gente participando.

Queríamos el encuentro de la gente con el arte, pero también el encuentro de la gente con la gente y no con silenciosas caravanas que tuvieran ante los cuadros ese respeto ausente que producen los entierros que pasan, por una calle cualquiera, con muertos que no conocemos.

Me identifico con Tomás Borge cuando dice: "En efecto, desde el primer día le pusimos minifalda a la Patria, cuando descubrimos que Nicaragua tenía unas hermosas piernas de cristal invulnerable".

Y como él, también yo despreciaré siempre a "la absurda enemistad de los burócratas con las metáforas y los colores violentos". "La neblina triste, el mecanicismo, los monumentos al hastío, la intransigencia por lo nuevo, los ídolos caídos, aburridos y aburridores."

Chicos haciendo sus propios juguetes.
También concurrían chicos de una villa de emergencia cercana.

Asomarse desde un nivel más alto y tomar sol en una terraza son pequeños placeres que no es fácil tener en Buenos Aires. Tomada en noviembre de 1989, cuando las terrazas estaban habilitadas.

Un domungo en el patio de Los Tilos: Los chicos fabrican juguetes con materiales descartables. Una de las tantas actividades para niños del programa "Para chicos de todas partes", hoy suspendido.

CAPÍTULO 8

El sueño de tener un doble o qué hacer con mi cabeza.

Todo aquél que alguna vez intentó ordenar por temas los libros de su biblioteca o quiso clasificar cualquier otra cosa, se topó con ese libro, ese casete o ese escrito que no pertenece a ninguna categoría, o que pertenece a varias. Descubrimos entonces que la realidad se resiste a ser clasificada porque no se compone únicamente de casilleros fijos sino también de inasible tejido intercelular, una suerte de tejido móvil, donde suele encontrarse también lo más interesante, atípico o divertido: lo inclasificable.

En el capítulo anterior expliqué someramente la división por áreas, que implementé en la programación cultural del C.C.R. El sistema me permitía orientar mis energías hacia la coordinación y el estímulo del grupo programador, en lugar de malgastarlo en una seguidilla inacabable de entrevistas individuales concedidas a los que deseaban exponer sus obras. Los artistas eran atendidos por los coordinadores y yo lo supervisaba todo en reuniones grupales.

Sin embargo, como dije al principio, a cada rato se presentaban casos inclasificables que no entraban en ningún ítem y yo los atendía. Uno de ellos fue el de la Madame Tussaud argentina. La señora XX (por razones misteriosas me rogó que ocultara su nombre) es una abogada muy simpática cuyo hobby consiste en hacer reproducciones de toda clase de personajes, a tamaño natural y vestidos con su ropa correspondiente. Las copias del General Mitre, del Coronel Mansilla o quien sea, son prácticamente perfectas. El material empleado por M.T. (llamémosla así) para imitar la piel es más sofisticado que la cera que utilizaba su predecesora inglesa en el célebre Museo de Cera, en Londres. En un momento dado, mientras yo hojeaba el álbum de fotos, M.T. extrajo de un enorme bolso un brazo completo. Mi secretaria, Marta Ramos, que se acercaba en ese momento con un mensaje, casi se muere de un síncope.

M.T. estaba interesada en hacer una exposición en el C.C.R., donde figurarían personajes de nuestra historia, cuyo verdadero aspecto físico es poco conocido. En un primer momento me resistí pensando que el tema no se ajustaba al criterio general de la programación, pero al rato tomé conciencia de que *no existe ningún Museo de Cera en el país,* y que, por lo tanto, el asunto merecía mi aprobación, la cual concedí, programando la muestra para mayo de este año. Lamentablemente, las actuales autoridades la suspendieron.

Una vez aprobada la exposición de la misteriosa Madame Tussaud, y mientras conversábamos ajustando algunos detalles, se me ocurrió preguntarle, como al pasar:

–Dígame, señora, ¿usted me haría a mí?

M.T. dejó caer sobre mi cuerpo, de arriba hacia abajo, esa mirada profesional que nos conceden las vendedoras de calzoncillos antes de girar la cabeza y pedirle a su compañera:

–¿Me alcanzás un 42 para el señor?

Meditó unos segundos y luego respondió con la decisión de quien acepta un desafío:

–Sí, lo haría.

La posición, el tamaño y otras cuestiones no menos importantes.

Entusiasmado hasta el paroxismo ante la posibilidad inesperada de tener un doble, llamé a mis secretarias, quienes en pocos segundos consiguieron un centímetro de modista y empezaron a medirme. M.T., anotador en mano, indicaba mediciones precisas: codo a mano, cuello, ingle a tobillo, etc. Marta Ramos, absolutamente tentada de risa, se equivocaba constantemente dictando medidas absurdas porque leía la cinta al revés. Cada tanto me hacía cosquillas involuntariamente y como la cosa empezaba a ponerse divertida y era la última hora, dicté asueto mentalmente e hice pasar al departamento de prensa completo, presidido a la sazón por Laura Quesada, con la excusa de pedir opinión sobre una cantidad de interrogantes que empezaban a surgir.

¿Cuál sería la vestimenta más adecuada para mi doble? La arquitecta y acróbata María José Leverato propuso descartar el traje porque nadie me reconocería. Todos estuvieron de acuerdo. ¿Tendría que comprar zapatos, con lo caros que están?, "¡Pero no!, –intervino la superelegante Patricia Godfrield– aprovechá para deshacerte de esos que llevás puestos!", dijo, señalando con desdén mis zapatos de Los Angelitos, que sólo tienen 8 años (es decir, son nuevos). Las mujeres aprovechaban la oportunidad que se les brindaba para criticar abiertamente mi vestimenta, algo que deseaban hacer desde hacía tiempo, según me dijeron después.

En un momento dado me decidí a confesar una debilidad vergonzante, cosa que, como se sabe, enternece siempre a las mujeres: quería mejorar, aunque sea levemente, mis medidas. Dos centímetros más de altura (algo que siempre deseé), tres menos de cintura, en fin, nada demasiado importante. Sin embargo M.T. se puso inflexible y no cedió ante el clamor general. Quería hacerme idéntico, o nada. Poco después cerró su cuaderno de medidas y se retiró, no sin antes pedirme para el día siguiente una enorme cantidad de fotografías desde todos los ángulos posibles.

Los demás nos quedamos un rato largo en mi despacho encarando otros puntos a resolver, como por ejemplo, la posición del cuerpo. Yo no quería que mi doble estuviera dentro de la exposición propiamente dicha, sino disimulado entre el mundo de los vivos, en el hall de entrada, por ejemplo.

Lo primero que se me ocurrió fue "ponerme" en la mesa de informes, pero enseguida surgió el problema del guardado nocturno. Me imaginé la escena de mi doble en el momento de ser trasladado en vilo por dos ordenanzas en una posición absolutamente indigna, como sería estar sentado frente a un escritorio... sin escritorio y sin silla. Es curioso, pensé, también cualquier señor sentado al volante del auto más caro del mundo se vería absolutamente ridículo si este último fuese invisible.

Finalmente decidimos que tendría que estar de pie. Me imaginé al doble en mi despacho, parado detrás del escritorio y yo escondido detrás de la puerta para ver la cara que pondría un visitante al acercarse a saludarme.

Pensando en el doble, me dí cuenta de que empezaba a molestarme la posibilidad de que alguien lo empujara, lo rayara o lo dañara en mi ausencia... nunca falta alguno. El rito vudú tiene entonces cierta vigencia entre nosotros, supuestamente occidentales y cristianos, no supersticiosos.

Surgía también otra cuestión: *¿Qué hacer con mi doble cuando la exposición fuera levantada* y ya se me hubiesen acabado las ganas de jugar con él en mi despacho? Me resistía a la idea de destruirlo o de abandonarlo en un descampado. Empezaría a sentirme mal, como Woody Allen cuando le vienen los ataques de hipocondría. Por otra parte, no creo que haya, por el momento, ningún museo interesado en tener mi doble, con excepción, tal vez, del Museo de la Ciudad (¿no, Peña?).

Le planteé entonces el problema del destino de mi doble a Mónica Müller, ex mujer mía y excelente creativa publicitaria. Me dio una respuesta tajante, ante la cual no supe si enojarme o no:

–Ah, pero no te hagas ningún problema, podés traerlo a casa, por fin tendría al hombre ideal: vos, pero sin hablar.

Qué hacer con mi cabeza

En el mes de marzo, Madame Tussaud volvió de Córdoba, donde tiene su taller de muñecos. Enterada de mi destitución como director del Centro, me contó también que su muestra había sido eliminada de la programación por las nuevas autoridades y que le había quedado preparada la cabeza de mi doble, ya casi terminada, la cual estaba a mi disposición por si yo deseaba verla. Sólo faltaba la peluca y el cuerpo, que eran más fáciles de hacer.

Accedí, por supuesto, y partí en un raudo colectivo 93 con el extraño destino de encontrarme con mi cabeza.

El departamento de M.T., típico de la clase media, en el barrio de Belgrano, era absolutamente normal... con excepción de un dormitorio convertido en depósito de muñecos armados y a medio armar, todos apretujados. La escena era indescriptible. Mitre observaba con los ojos fijos la bragueta de Sarmiento, ubicada a escasos 10 centímetros de su nariz. El ilustre sanjuanino, desnudo de la cintura para arriba, estaba recostado entre el Chacho Peñaloza y Manuelita Rosas, que tenía su cara completamente apoyada sobre la zona púbica de Cornelio Saavedra, que es idéntico a Eliaschev. Por respeto a su memoria no quiero describir las posiciones del sargento Cabral ni del General San Martín, en aquel aquelarre. Pensé de pronto, si no sería precisamente ésa la visión de la historia que propone el presidente Menem: que todos estaban confundidos. La "bohemia latinoamericanista", como él llama a nuestra historia, la independencia, los ideales, la renuncia a los bienes materiales, la Patria Grande... todo sería como esa imagen, una gran confusión, un gran error inútil. Ahora somos sólo *pragmáticos.* Nuestro verdadero enemigo, el Estado Argentino, no había sido vislumbrado por ninguno de los próceres.

El Gran Héroe Nacional, el que aclaró de una vez y para siempre toda la historia, Don Bernardo Neustadt*, no tenía aún su doble en el extraño museo privado de Madame Tussaud.

Fue ella, precisamente, quien me arrancó de mis cavilaciones.

–El problema se me plantea con las mucamas –dijo–. Ninguna quiere hacer la limpieza en ese cuarto y una vez se desmayó una amiga de una de ellas porque abrió la puerta antes de que pudiera ser advertida.

La cosa no era para menos. Quise tomar una fotografía del conjunto, pero la escultora me lo prohibió. Por suerte, me fotografió ella misma al lado de mi cabeza, antes de despedirme (de ella y de la cabeza).

¿Y qué piensa hacer con ella?, pregunté, ante la evidencia de que había desistido de hacerme entero.

–No sé, tal vez la destruya y recupere el material.

–¡No, eso nunca!, contesté desesperado.

–Bueno, está bien, entonces haré un granadero, o algo así.

Más tranquilizado le arranqué la promesa de que me convertiría en algún personaje digno, que podría ser un granadero, por supuesto, y volví a mi casa en San Telmo, cavilando sobre otros programas más interesantes y marginales que tampoco pudieron realizarse, pero que valió la pena imaginar: el espacio potrero y la Sala Vacía. Ambos quedan para próximos capítulos.

* Periodista estrella defensor del menemismo.

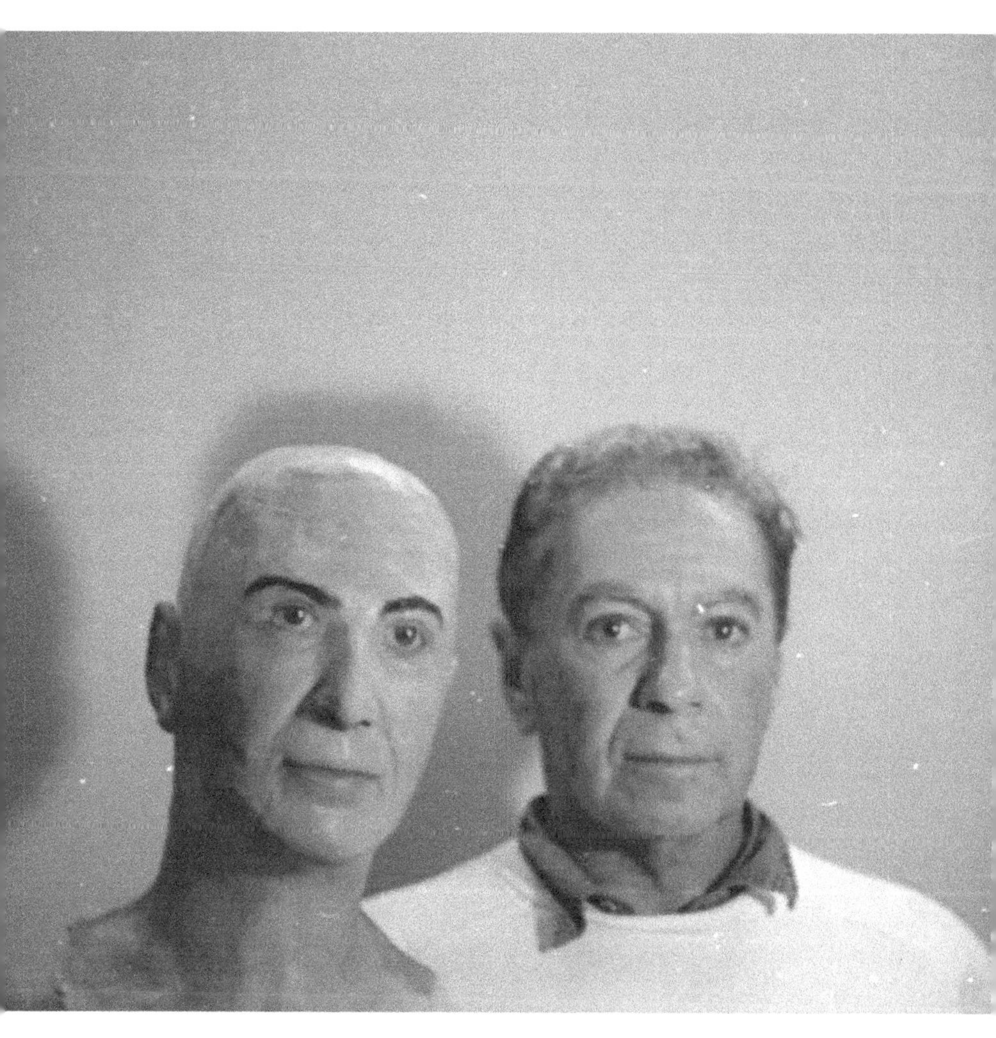

El autor con la cabeza inconclusa de su doble.
Foto: Madame Tussaud.

CAPÍTULO 9

Mariela Pruss, el gorrión de la Sala Vacía.

Durante uno de mis paseos por las salas de exposición, y mientras avanzaba por un largo corredor en la planta alta, escuché unos sonidos lejanos. Eran una mezcla de trinos de pájaros con voz humana que se encendían casi de golpe y se iban apagando lentamente, de manera dulce y extraña.

El increscendo sonoro me condujo hasta el fondo, donde se abría la sala 13, un gran salón absolutamente blanco, vacío, sin ventanas. En medio del lugar se paseaba, sola, una chica a la que yo veía de espaldas. Cada tanto arrojaba contra las paredes el sonido de su voz, que persistía en el espacio durante muchos segundos. Antes de que se apagaran sus trinos superponía otros y de tanto en tanto permitía que el salón fuera invadido por un silencio tan completo como el vacío blanco que ella contemplaba con éxtasis.

En un momento dado se asomó un chico, atraído también por los sonidos. Entró y se sentó en el piso, en silencio. Después se agregaron dos más, en la misma actitud. Cada tanto se detenía en la entrada algún adulto.

–¿Qué hay acá?, ¿qué están haciendo? –susurró una señora al marido, y se fueron enseguida, intrigados y algo molestos –me pareció–, al no poder encasillar lo que allí ocurría.

–¿Esto es un experimento o *qué?* –preguntó un señor en voz bajísima, y se fue, desconcertado.

Desde otras salas, ¡y de tanto en tanto, alguien contestaba los sonidos y se armaba un extraño diálogo de ecos. Los chicos y yo estábamos fascinados. Finalmente Mariela Pruss, el gorrión de la Sala Vacía, me descubrió.

–¿Vos trabajás acá?

–Sí. –fue toda mi respuesta, para no espantarla con mi rimbombante cargo burocrático.

Mariela, de 24 años entonces, pinta, escribe y canta. Su descubrimiento de la Sala Vacía –como ella la había bautizado– databa de varias semanas. Pasaba allí largos ratos sola, experimentando con emociones, sonidos y movimientos.

Quedamos en encontrarnos al final del día. Conversamos entonces largamente en algunos bares de la zona, hasta terminar comiendo en Los Gitanos, el restaurante más barato del barrio de la Recoleta por ese entonces (o, dicho de otra manera, el único con precios normales).

Durante esa estimulante conversación (Mariela es una persona sumamente original y sensible) surgió la idea de mantener vacía esa sala durante todo el año, sin que llegáramos a clarificar completamente el porqué, ni el para qué, de semejante programación; mejor dicho, de semejante no-programación en un Centro Cultural.

De todas maneras, razonaba yo, en el C.C.R. hay decenas de lugares, entre salas, salones, corredores y patios, con toda clase de programaciones. ¿Por qué no podría existir un lugar VACÍO?

Mariela estaba muy contenta y no salía de su asombro al comprobar que un funcionario de la edad de su padre estaba en condiciones de poder comprender lo que ella sentía, como artista, y de avalar una idea inconclusa, un experimento sin antecedentes conocidos, que provenía, además, de la iniciativa de una jovencita prácticamente ignorada en el mundo del arte.

Llenos y vacíos

Así como en las excursiones turísticas el ocio tiene horarios y lugares precisos, en las grandes ciudades el tiempo y el espacio están encasillados, sin huecos ni vacíos intermedios. En Buenos Aires hasta los chicos suelen tener agendas completas, como los ejecutivos. Del colegio pasan a la clase de expresión corporal, de allí a la psicóloga, a comer y a la cama, con intervalo televisivo. No existen más las expediciones secretas al fondo del terreno durante la siesta, ni la fascinación que ejerce el territorio generoso de los baldíos.

Las fiestas infantiles se han convertido en una sucesión de "actividades" (¡!) programadas por la Animadora de Fiestas, profesión que antes no existía, pues se creía que los chicos se animaban solos, en forma automática.

No hacer *nada* es algo tan mal visto en nuestra sociedad como que no haya *nada* en un lugar. "¿Qué vas a poner en ese rinconcito que te queda vacío?", suelen preguntar las madres a sus hijas recién casadas. Los intendentes, militares o civiles, peronistas o radicales, agregan más y más construcciones y monumentos en cuanto hueco descubren en plazas y parques, sin poder detenerse nunca. *¿Qué podríamos poner allí?* es la pregunta inevitable luego de la cual sucumben metros y metros de césped, de oxígeno, de paisaje. ATC, la Casa de Té, las sucursales bancarias en las plazas (¡dónde ahora hay colas!), curioso invento de Suárez Lastra, el Gaucho furioso rodeado de mástiles, que amenaza al tránsito trepado a la lomita que está al lado de ATC, son sólo algunos ejemplos de este malsano *horror al vacío* que padecen los funcionarios.

Ellos ven al vacío como una ausencia, nunca como una presencia, precisamente, de vacío. O de verde.

El vacío, como el silencio, es una misma propuesta abierta, no programada. El vacío es el espacio de la libertad y la libertad no es fácil de aceptar íntimamente, aunque se declame. La libertad asusta. Es mejor que todo esté programado, controlado. Y si fuera posible, que sea simétrico y de cemento. Y con un precio, como la Costanera Norte.

El no-programa de la Sala Vacía

Mariela y yo nos reuníamos para elaborar nuestro plan para la Sala Vacía y, en los intervalos, cada uno conversaba con otras personas, que aportaban sus ideas. Ella conoció durante esos días a Ernesto Sábato, quien durante una larga charla se mostró interesado en sus experiencias y estimuló aun más su imaginación.

Por mi parte, hablé con Pino Solanas y con Tato Pavlovsky, a quienes también les gustó la idea. Tato me dio muchos ejemplos de lo que llamó "el vacío creador" y me remitió a su interesante libro "*Espacios y Creatividad*".

El arquitecto José María Peña me contó la anécdota del señor que llevó al Museo de la Ciudad su caballito infantil, compuesto por un simple palo de madera con cabeza de caballo y un látigo. El señor respondía al llamado de Peña para que cada vecino llevara al museo su objeto preferido y todos conversaran luego sobre el tema. El caballito de madera había sido, para su dueño, un caballo sin motor eléctrico, sin cuerpo, sin patas, sin cola. Un caballo vacío, pero lleno de afecto y de significado. Los objetos, como el espacio, no siempre son lo que son.

Si bien la Sala Vacía no debía ser programada, algún plan deberíamos tener. Por ejemplo, un mínimo reglamento que impidiera su ocupación (el germen de la burocracia está siempre allí...). Que no quedase nada fijo en el lugar. Todo lo que entrara debería salir sin dejar huellas, como la voz. Por ejemplo, repartir un día vendas negras y cantar, o escuchar el silencio o simplemente esperar las iniciativas de la gente y de los artistas a partir de la consigna que encierra su nombre: Vacía.

Esperábamos iniciativas que desconocíamos. No era fácil conciliar el permiso, la invitación para que ocurran cosas, con la necesaria no-programación que imaginábamos.

Por otra parte, cuando organizaba la planificación general del C.C. con mis colaboradores y faltaba alguna sala para algo, siempre había alguien que proponía: "Y... para eso tenemos la Sala Vacía".

Al poco tiempo de nombrar a Mariela coordinadora adhonórem de la Sala Vacía, advertí que su nombramiento no había seguido el curso burocrático habitual. Los empleados administrativos a cargo de ese trámite consideraron que se trataba de una excentricidad mía. Ella no existía, por lo tanto, en el mundo de los papeles. Todo tendía a llenar el vacío o a negar su existencia.

Sin embargo, si tuviese que defender la idea en un simposium o algo así, serían muchos los argumentos a mi disposición.

La Física moderna, por ejemplo, ha reemplazado la noción de presencia por la de azar y a la materia misma por concepciones que pertenecen más al campo de la Metafísica que a la Física propiamente dicha. Ni hablar del minúsculo punto original que contuvo a todo el Universo antes del Big Bang; un no-espacio absoluto que lo contenía Todo.

Podría argumentarse que el campo del arte es otro. No obstante, un Centro Cultural debe abarcar todos los aspectos de la cultura, incluyendo a la Ciencia y tratando, a mi juicio, de unificarla con el arte y con la poesía, resaltando sus puntos de contacto.

La Sala Vacía se parecía a los sueños, que tampoco tienen guión ni programa. Es un tiempo sin llenar, o, como anotó Mariela en su cuaderno de apuntes:

"Un espacio blanco de luz cúbica, de poderosa y serena resonancia."

"Caja de aire y de luz. Caja sin ojos. Caja de orejas encadenadas... Voz conocida hasta casi el límite. Voz limítrofe al misterio."

"Alguien se siente sonido y silencio, alguien vomita indiferencia, conmovido."

"La paz no es quieta."

Un papelito suelto

Al pensar en la Sala Vacía repasé mis recortes de aquí y de allá y encontré pensamientos que se relacionaban con el asunto, de una u otra manera. Por ejemplo, este párrafo extractado de un reportaje que Jorge Halperín le hizo a Javier Villafañe, publicado en el Diario CLARÍN hace 2 años:

"Porque un buen titiritero hace títeres sin títeres. El teatro empieza por aquí -y se señala el corazón-, sigue por aquí -señala la cabeza- y termina aquí"; y levanta las manos como estrellas de cinco puntas.

O esta frase de Julio Cortázar:

"Pintar sin cielo un cielo, sin azul el azul."

(de La Hazaña de Massaggio)

Pero el apunte más hermoso que pude encontrar es, para mí, el papelito que Javier Villafañe encontró en el bolsillo de un sobretodo de segunda mano, que compró en el Mercado del Rastro, en Madrid:

"Al dibujarte sobre la nieve sabía que tu imagen iba a vivir la eternidad de unos minutos. Hay que dibujar en la nieve. Construir con humo y aire, siempre con humo en el aire. Es hermosa Madrid. Me da los últimos soles de vida."

FRIEDRICH

Si el proyecto de la Sala Vacía se hubiese concretado, creo que habría fijado en la pared -en la parte de afuera, por supuesto- esta frase bella y melancólica de un hombre que se despide del espacio conocido.

El papelito de Friedrich habría saltado entonces desde su viejo sobretodo a las manos creadoras de Javier y desde allí hasta la puerta de una gran sala lejana y no del todo vacía.

Hablando de Salas

Según me contaron, cuando el secretario de Cultura Horacio Salas se enteró del proyecto de la Sala Vacía reaccionó con una pregunta:

-Pero... ¿eso lo vio él (yo) en alguna una parte? ¿Se hace en Europa?

Como la respuesta fue negativa, comentó algo acerca de mi "locura" y no se habló más del asunto.

El proyecto fue anulado inmediatamente después de mi alejamiento del C.C.R.

Poco más de 1 año después, en septiembre del '90, Mariela se encontraba en Estados Unidos haciendo cursos de perfeccionamiento en arte. Su fallida propuesta de la Sala Vacía, en Buenos Aires, fue escuchada con sumo interés por Patricia Boursonian, Assistant Dean of Admision de The School of the Museum of Fine Arts of Boston, en Massachusetts, USA, quien le dijo textualmente: "Te tenemos que conseguir una Sala Vacía y lo tenés que hacer aquí".

En estos centros de creación artística las ideas nuevas son estimuladas sin esperar que sean antes aprobadas en otras partes del mundo.

Mariela Pruss, el gorrión de la Sala Vacía.

CAPÍTULO 10

Las ruinas ocultas donde las estatuas mueren decapitadas.

Lo que es hoy el Centro Cultural Recoleta fue el convento de los monjes recoletos durante el siglo XVIII y es uno de los pocos edificios de la época colonial que existen todavía en Buenos Aires. Antes de cumplir con su destino actual, que se inició en 1981, fue también, durante muchos años, asilo de ancianos.

Su eje principal, la calle de los Tilos, está cortado abruptamente por una débil valla de madera que alguien creyó alguna vez que sería provisoria. Detrás de la valla se abre un vasto panorama agreste y ruinoso. Más de la tercera parte de la superficie total, que es de 12.000 m^2, son ruinas ocultas.

Lo que nos atrae tanto de las ruinas es todo lo que no está presente en ellas, lo que uno agrega con la imaginación para redondear una escena incompleta que pide ser terminada, el deambular amortiguado de los monjes en el silencio cuadrado de los patios o bajo las recovas y los ancianos solitarios viendo pasar la vida entre las estatuas que coronaban el paredón. Los muros, el cielo y los pájaros son los mismos. Las ruinas nos sirven para asomarnos al tiempo y al silencio.

En estas ruinas porteñas, que no figuran en los recorridos turísticos, hay además, algunas sorpresas, como el pintor loco (y talentoso) que tiene allí su taller, accesible sólo con peligro de muerte (por caída desde un tablón que cruza el vacío, entre dos edificios) o la hilera de estatuas que besan el piso, como los Papas cuando bajan del avión. Estas estatuas tienen 100 años y antes del 83 coronaban el paredón que limitaba el lugar con el parque de Palermo. Ese antiguo muro está hoy oculto por otra valla, también de lata, oxidada y provisoria. Entre ambos límites se extiende un amplio basural, mejor dicho una mezcla de basural con plantas autóctonas presididas por un camión muerto por el que trepan hojas selváticas, que pronto lo cubrirán por completo. Se parece al tranvía tapizado de algas, que yace sumergido en puerto Madryn para solaz de los turistas acuáticos.

Una familia sin techo y algunos linyeras acampan en el lugar y de paso cuidan gratuitamente esas fronteras, muy codiciadas por los ladrones que tienen allí la base ideal para entrar sin ser vistos al C.C., donde roban lamparitas y cuadros, de tanto en tanto.

El centro y los bordes

Es decir, que en pleno centro de la más cotizada zona turística de Buenos Aires, hay un edificio histórico de gran importancia, cuyos límites son un cementerio, grandes ruinas ocultas y un basural presidido por un camión muerto.

El público y los funcionarios desfilan por los salones centrales. Lo mismo que los turistas, creen que conociendo el centro lo conocen todo. Sin embargo, lo más interesante está en los bordes. Los bordes geográficos y los bordes sociales del Centro Cultural, como los del país, explican el centro y ambos están detrás de una valla provisoria, oxidada y muy débil.

Pero, ¿cómo es posible semejante abandono, y en ese lugar? En la Argentina todo lo que está detrás de una pared o bajo tierra, sencillamente no existe. Por eso los gobiernos prefieren hacer autopistas o monumentos antes que renovar las redes subterráneas de teléfonos, de agua, de cloacas y de electricidad. Por la misma razón los consorcios de propiedad horizontal, habitados por la clase media, eligen pintar el hall de entrada en lugar de cambiar los cables del ascensor, que no se ven. 1.700 ascensores, sólo en la Capital Federal, son hoy trampas mortales, según un informe reciente de los técnicos de la Municipalidad, y los accidentes aumentan día tras día, al ritmo de la crisis económica.

En los cursos de postgrado que doy a mis colegas sobre el tema "Consultorio de Arquitectura", les propongo un ejercido práctico que consiste en examinar un departamento para asesorar a un posible comprador acerca de la conveniencia –o no– de la inversión. Siempre cometen el mismo error: tocan el timbre, entran y suben por el ascensor; es decir, avanzan directamente hacia el centro, en lugar de cruzar antes a la vereda de enfrente, mirar las medianeras, subir por las escaleras (para poder apreciar los signos visibles del consorcio), trepar al techo y bajar al sótano. También mirar *y escuchar* la calle.

Si tuviera que dar un consejo a un funcionario primerizo le diría que empiece por observar los bordes humanos y físicos de su organización. Conociendo los bordes, lo demás se explica solo, y sin conocerlos no se comprende nada. Es lo que le pasa al intendente de Buenos Aires, que intenta gobernar una ciudad sin bordes. La Avenida General Paz es sólo un límite burocrático, abstracto. Los bordes reales de la ciudad de Buenos Aires se extienden como tentáculos hasta González Catán, el Tigre,

Castelar y La Plata. El conjunto es una masa única, con flujos humanos permanentes entre los bordes y el centro. Veintiún intendentes pretenden gobernar la ciudad, contrariando un principio organizativo elemental según el cual la cabeza de una organización debe ser única.

"Los hospitales de Buenos Aires no dan abasto porque atienden a gente de *otras* ciudades", dicen los funcionarios que insisten en negar la realidad.

Los países centrales actúan de la misma manera al desentenderse de sus bordes, como si éstos pertenecieran a *otra* realidad que es el Tercer Mundo.

Los niveles subterráneos, el fondo de los ríos y las más altas capas de la atmósfera son, junto con la pobreza, los bordes descuidados de nuestro planeta. Están indisolublemente ligados al centro, y pueden derrumbarse sobre él.

El Espacio Potrero y la ruinas visibles

Cuando era director del C.C.R. estuve a punto de lograr, después de pacientes trámites y llamados telefónicos, que la Dirección de Paseos sacara la valla perimetral de lata, con lo cual se habrían conquistado abundantes metros cuadrados de parque mejorando, de paso, el aspecto ominoso de ese límite. Es fácil de hacer y barato*. Quería también volver a colocar las estatuas en su sitio.

* En junio del '90 las autoridades del C.C.R. lograron, por fin, hacer retirar la valla perimetral. Lo demás sigue igual, pero algo es algo...
No obstante, la hipótesis sobre los bordes que aquí esbozo sigue en pie y es avalada por numerosos ejemplos. Bastaría con señalar el depósito de barcos abandonados que existe a sólo 200 metros de la Casa de Gobierno y que se extiende a lo largo de 3 kilómetros en la zona más valiosa de la ciudad. Las empresas propietarias de los barcos los abandonan allí aprovechando las bajísimas tarifas que les cobra el Estado, que, por supuesto, bajo esas condiciones da pérdidas.

En lo que atañe a las ruinas la solución sería diferente porque se necesitaba mucho dinero para continuar con las obras de restauración y los famosos "sponsors" no aparecían. Se me ocurrió entonces habilitarlas como ruinas. ¿O acaso sólo los europeos pueden tener ruinas?

El lugar podría convertirse en un ámbito espectacular y escenográfico para danzas, coreografías y teatro, con el simple agregado de algunos reflectores.

En cuanto a los patios clausurados, mi idea era abrirlos al público como potreros, sin programación por supuesto. ¿Dónde se ha visto un potrero programado? Sería algo distinto a la Sala Vacía, pero parecido. ¿Cuántos chicos habrá en Buenos Aires que nunca conocieron un potrero? ¿Y cuántos "grandes" lo recordarían con emoción?

Si en el C.C.R. existe un Espacio Joven, un Espacio Diseño... ¿por qué no podría haber también un Espacio Potrero?

Hubiera sido una forma económica de cambiar el sentido de ese lugar sin necesidad de modificarlo físicamente, de la misma manera que cambia el significado de los arcos en el segundo tiempo de los partidos de fútbol. Es la vida, la acción, lo que da sentido a los lugares y no su forma.

Esos planes fueron abandonados y todo sigue oculto e inútil detrás de las vallas.

No son las únicas. Nuestra sociedad está cruzada todavía por muchos muritos de Berlín, detrás de los cuales se ocultan las explicaciones y a veces también la esperanza.

No siempre hace falta presupuesto para levantar paredes. A veces sólo se precisa imaginación y valor para derribarlas.

Las estatuas que antes coronaban el muro que limita el C.C.R. con Palermo. Tiene 100 años y forman parte de un edificio declarado monumento histórico nacional (foto tomada por el autor en diciembre de1989).

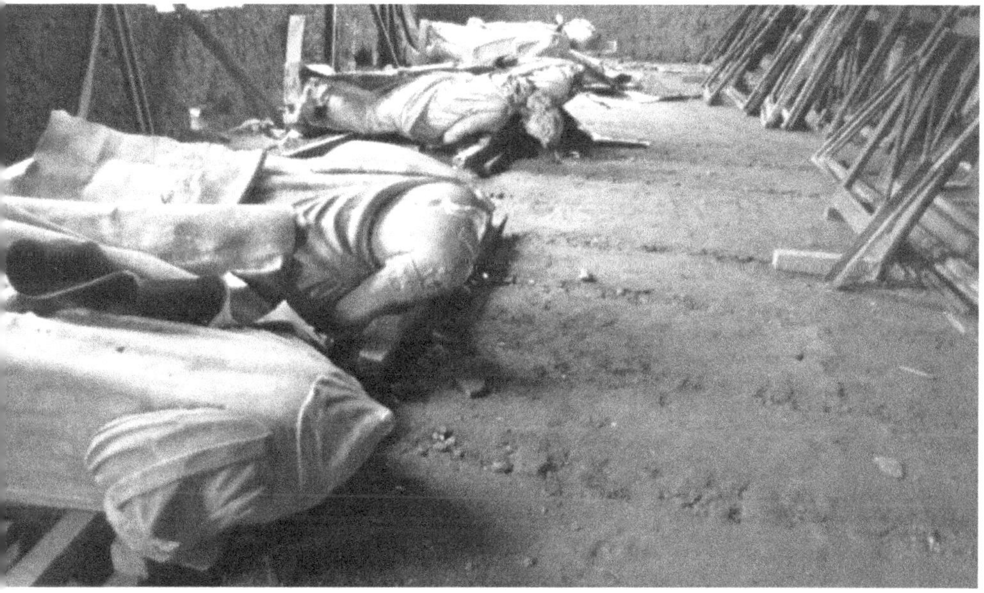

Las mismas estatuas brutalmente decapitadas ante la indiferencia municipal (julio de 1990).

Página anterior: Un aspecto de las ruinas. Al fondo, un antiguo reloj sobrevive milagrosamente al saqueo. Todo, en pleno centro de Buenos Aires.

CAPÍTULO 11

El dedo y la luna.
(Reflexiones sobre la burocracia)

A usted lo acaban de nombrar subsecretario o director general de algo. Después de los discursillos y las felicitaciones del caso, llega un momento en que se encuentra solo en su amplio despacho. Se reclina en su sillón y pasea su mirada por todo el ambiente, que será, invariablemente, color beige-consorcio, cualquiera sea el sector que observe: piso, paredes, techo, alfombra, sillas, cuadros y teléfono. Al lado de este último reposa, provocativo, el intercomunicador. Su primera tarea consistirá en averiguar a quién corresponde cada botón. Aprieta uno de ellos y aparecerá, contenta y levemente inclinada hacia adelante, dispuesta para la acción, su secretaria. El director administrativo (personaje clave) se presentará también de inmediato si presiona el botón correcto y lo llama. Ocurrirá lo mismo con el jefe de Prensa, el director de Programación y así sucesivamente.

Usted se siente entonces suavemente invadido por una confortable sensación: *la cosa funciona*. Esto va a andar.

Craso error.

Dejemos que sean los mismos funcionarios quienes lo expliquen, en forma oficial:

> "El funcionario llegó a su nuevo despacho con intenciones de transformar todo.
>
> "Tenía en su mente gran cantidad de proyectos, recibía toda clase de propuestas y se sentía con fuerzas para llevar a la práctica cada una de sus ideas.
>
> "Estimó los recursos humanos, materiales y financieros necesarios e inició los trámites correspondientes para obtenerlos.
>
> "Luego de 6 meses de gestión comprobó que no había podido concretar casi ninguno de sus objetivos y que había ocupado la mayor parte de su tiempo en conocer su propio organismo, la normativa a aplicar y en descubrir los sectores de la administración por donde debía pasar cada expediente..."
>
> (Párrafo inicial del libro
> GUÍA OPERATIVA PARA FUNCIONARIOS
> editado por la Presidencia de la Nación en 1989.)

La situación descripta es real, pero la causa no radica a mi juicio, en el desconocimiento de las normas. Un director administrativo capaz y leal (como el que me tocó a mí en la persona de Armando Atis, dicho sea de paso), puede suplir el déficit.

La causa más profunda de la frustración no se menciona en el libro citado. Este obstáculo puede visualizarse como una bruma dentro de la cual las iniciativas se tuercen infinitamente, se paralizan y se pierden sin que sea posible detectar los hechos concretos ni a los culpables. Estoy hablando, claro está, de:

La burocracia

La burocracia es todo lo que sigue después de los botones del intercomunicador. La burocracia es lo que produce la ansiedad conocida como *La angustia del funcionario.*

La burocracia es *el personal de línea,* es decir, permanente. Usted es, simplemente, *un pasajero.* Y sería bueno que empiece por comprenderlo.

Pero la burocracia no es, en realidad, el personal de línea, sino el sistema, el tejido histórico que los vincula entre sí y los comunica (e incomunica) con el mundo exterior. "La máquina de impedir" existe. Lo que El Gran Prestidigitador Nacional, Bernardo Neustadt, oculta con el rápido desplazamiento lateral de sus manos melifluas es que la tal máquina no funciona únicamente en el Estado, sino también en todas las grandes empresas privadas.

No es casualidad que los más importantes libros sobre la burocracia fueran escritos estudiando las grandes empresas multinacionales.

Hace algunos años mandé a arreglar un grabador Sony al service de la empresa y me lo devolvieron 1 mes después con una tarjetita firmada por cuatro inspectores... y con la mitad de los desperfectos sin arreglar. Lo llevé a un "quiosquito eléctrico" en el Mercado viejo de San Telmo y 3 días después me lo devolvieron impecable... y por la mitad de precio.

No es mi intención desacreditar a la empresa Sony. Tengo varios aparatos de esa marca que funcionaron perfectamente durante años y volvería a comprarlos. Sólo que no utilizaré más su service.

Todas las burocracias crecen irremisiblemente, más allá de las necesidades reales. Todas obedecen a las mismas leyes y jamás atentan contra sí mismas. A modo de muestra, aquí va un cuadrito copiado del libro "La ley de Parkinson" (del prof. Northcote Parkinson).

ESTADÍSTICAS DEL ALMIRANTAZGO BRITÁNICO

Año	Grandes buques en servicio	Oficiales y marineros en servicio	Obreros de los arsenales	Funcionarios adm.	Oficiales del Almirantazgo
1914	62	146.000	57.000	3.249	2.000
1928	20	100.000	62.439	4.558	3.569
Aumento o Disminución	-67,74%	-31,5%	+9,54%	-40,28%	+78,45%

Una gran parte de los acontecimientos de la vida humana van acompañados, obligatoriamente, de *otra realidad paralela* que los duplica o los multiplica por 10. La operación quirúrgica que debió afrontar un cercano pariente mío hace 2 años, duró exactamente 2 horas y media. Los trámites en OSECAC demandaron 42 horas, según constaté cuidadosamente. "¿Trajo el certificado?" "¡Pero esta orden no sirve!, no ve que le falta el..." "Por qué no se da una vueltita el... cuando está el Doctor?, eso sí no se me olvide del duplicado". Etc, etc, etc.

Un choque de autos dura escasos segundos pero deberá ser relatado en la comisaría al ritmo de una máquina de escribir (previa amansadora) y luego en el seguro. El choque vuelve a producirse en el nivel simbólico, devorando mil veces más tiempo que el acontecimiento real.

Nacer. Casarse. ¡Ni hablar de divorciarse! Enfermarse. Comprar. Vender. Nadar. Viajar. Todo debe ser doble. Si a uno le descontaran, como en los partidos de fútbol, poco antes de morir, el tiempo perdido en trámites, todos disfrutaríamos de un buen alargue.

Una vez fui a pedir un duplicado del registro porque lo había perdido. El empleado colocó mi expediente frente a él y miró mi registro original, con mi firma y mi foto en colores.

–Fantástico, le dije, déme una copia, ¿cuánto tengo que pagar?

–Ah no... Tiene que traer la denuncia de pérdida y certificado de domicilio. ¿Si no cómo sé que es usted el titular?

–¡Pero si en cualquier Banco me entregarían 100.000 dólares ante la vista de la firma del titular de la cuenta, *y usted, tiene ahí, además de mi firma, mi foto!*

La única posibilidad de trampa consistiría en haberme mandado hacer una máscara con mi cara como las de "Misión Imposible", pero, en caso de existir tal posibilidad, deben costar miles de dólares... ¡y todo para conseguir un registro!

Acudí al jefe pero no hubo caso; muy amablemente, y hasta con cierta afable condescendencia, insistía:

–Señor, usted no me entiende...

Y se negaba a admitir la simple evidencia de que yo era yo. *Es interesante observar que la negación de la evidencia es una de las pruebas de la locura en cualquier peritaje forense.* Sin embargo, ese mismo fenómeno dentro del marco de la administración pública, es considerado algo sensato. Y el que lo cuestiona con demasiada insistencia podría llegar a ser detenido por perturbar *el orden* (¡!) público. Es el contexto lo que cambia el sentido de la cordura. Nuevamente son los bordes los que explican el centro.

La secreta importancia de los porteros

Maravillado una vez más ante la profundidad insondable de la estupidez humana, me dirigí en aquella oportunidad a una comisaría cercana a pedir un certificado de domicilio y hacer la denuncia de pérdida del registro, pero ahí me informaron que debía hacerlo en "la Seccional correspondiente a mi domicilio", donde, a su vez me pidieron que volviera al día siguiente para retirar el certificado, lo cual efectivamente ocurrió. ¿Qué había pasado en el ínterin? Habían enviado a la casa de departamentos donde yo vivía entonces a un policía que se limitó a preguntarle al portero si era cierto que una persona de mi nombre vivía allí.

En síntesis, todo el engranaje de la desconfianza descansaba finalmente en mi portero, quien estaba más autorizado que yo para sostener que yo era yo ante la oficina esa de los registros. Sencillamente maravilloso.

Volviendo al tema de la duplicación de los hechos que produce la burocracia, quizá sea en ese fenómeno donde radica la diferencia principal entre el hombre y el animal. Los animales viven únicamente los hechos reales, no los duplican nunca en otra "realidad" simbólica.

Según Alfredo Moffatt[4] la diferencia esencial entre humanos y animales radica en la conciencia del transcurso del tiempo. Dicho de otra manera el hombre vive con dos construcciones imaginarias que lo acompañan permanentemente: el pasado y el futuro. La enfermedad mental sería para él una ruptura de esos campos imaginarios. El humano es histórico. No puede vivir sin conciencia de su memoria ni sin futuro imaginable. El animal sólo vive un presente tras otro. Creo que quizá sea allí donde se origina la necesidad del testimonio, en *la toma de conciencia de que un hecho será pasado.*

Desde sus orígenes en las cuevas el hombre grabó y pintó testimonios. Posiblemente de ese modo se inició la burocracia, sólo que en aquel embrión remoto estaba siempre presente, de manera natural, la belleza. Y, como se sabe, una solicitud de registro automotor no es bella.

Vamos peor.

4. www.moffatt.org.ar

El dedo y la luna

–Usted no puede abrir esa ventana en la medianera porque está prohibido por el reglamento municipal–, le dice una copropietaria a otra, durante una reunión de consorcio.

La ventana, en el 8° piso, frente al vacío, no perjudicaría a nadie y le permitiría a esa mujer recibir el sol y la luz o simplemente mirar el cielo en lugar de la chorreada y oscura pared gris de su vecino del 8° C.

Toda norma tiene un objetivo, un espíritu que guió su implantación. La norma es como un dedo que señala la luna. La luna es la verdadera finalidad. Pero el burócrata mira el dedo.

Esta actitud es absolutamente clásica en la mentalidad burocrática.

Frente a un caso similar al que acabo de relatar y llevada la situación a juicio, el juez Dr. Víctor Guarinoni falló en contra de la parte que pedía la aplicación estricta de la reglamentación municipal vigente, condenándola con costas inclusive. "La interpretación literal de la ley es la enemiga mortal de la ciencia jurídica", dice en una parte de su admirable fallo. "El derecho no debe apartarse nunca de la vida", agrega más adelante y estima que la parte demandante incurrió en una figura legal que mucha gente no conoce y que es el "abuso de derecho".

Suelo hacer llegar copias de este fallo a las múltiples personas que me consultan en situaciones similares y son ya centenares de ventanas antirreglamentarias que he incitado a abrir, siempre y cuando, claro está, no exista un tercero que resulte perjudicado en forma fehaciente.

Con esto quiero decir que es posible luchar contra la burocracia y tener éxito. Frente al conflicto entre la vida y la norma hay muchísima gente que prefiere abolir la vida, pero hay formas ingeniosas de burlar las normas muertas y a las mentalidades y sistemas que las defienden.

- Nada complicado funciona.
- Los sistemas tienden a expandirse hasta colmar el universo conocido.
- Los sistemas complejos tienden a oponerse a sus propias funciones.
- En los sistemas las personas no hacen lo que el sistema dice que están haciendo.
- Para los que están dentro de un sistema la realidad exterior tiende a empalidecer y desaparecer.
- Si un sistema funciona, no lo toque.
- Un sistema continúa haciendo lo suyo indiferente a las circunstancias.
- Los sistemas atraen personas de sistemas.
- Los sistemas desarrollan congénitamente objetivos propios.
- Los objetivos del sistema son prioritarios.
- Al establecer un nuevo sistema, camine con pies de plomo, Puede ser que se esté perturbando a otro sistema que está realmente funcionando.
- Si algo puede fallar, fallará.
- Los sistemas eficientes son peligrosos para ellos mismos y para los demás.

(Del libro *"Sistemántica"*, del Dr. John Gall)

CAPÍTULO 12

Las patrullas de la bruma. Los sistemas paralelos. Teoría de la fisura. David y Goliat.

Cuando descubrí que los botones del intercomunicador no conducían, en realidad, a ninguna parte, tuve una inspiración y creé las Patrullas de la Bruma, de gran eficacia y alentadores resultados.

Durante el siglo pasado, cuando los indios dominaban la Pampa los comandantes que dirigían los combates contra ellos debían avanzar por un territorio desconocido y hostil y no contaban con mapas. Contrataban entonces *baqueanos,* que eran criollos conocedores del terreno y dispuestos a cruzarlo en sentido contrario a los malones.

Pues bien, pensé, si la burocracia es también una bruma desconocida y hostil, ¿por qué no contratar baqueanos? Y eso fue lo que hice. Formé una patrulla con un grupo de voluntarios que operaría fuera del sistema establecido.

Este equipo de paraburócratas (denominación alternativa que descarté por ser poco poética) no hacía nada reñido con la ética. Eso sí, como baqueanos que eran, tomaban atajos y lograban que ocurrieran muchas cosas cuyo respectivo expediente oficial, lanzado por los intercomunicadores, estará todavía, seguramente, juntando sellos en los misteriosos vericuetos municipales.

Logré, por ejemplo, hacer poner postes bajos para evitar que los autos –que en nuestro país estacionan en cualquier parte– continuaran obstruyendo la rampa para discapacitados y el estacionamiento de bicicletas que acababa de habilitar. Parece fácil, pero juntar el martillo neumático con la nafta, la camioneta, los postes y los obreros en la M.B.A. no es algo sencillo, y menos todavía lograr que después tapen los agujeros. Las patrullas consiguieron eso y muchas cosas más.

De todas maneras, cumplo en advertir al novel funcionario que lee estas sugerencias que inicie de todos modos, los caminos burocráticos normales y que escuche los consejos de su director administrativo, porque siempre hay algún burócrata en un escalón más arriba que el suyo dispuesto a armarle un sumario administrativo y echarlo por haber comprado lamparitas con la partida para lápices de colores. Los mediocres suelen ser envidiosos, odian la eficiencia, la creatividad y el buen humor. Cúbrase, y sobre todo, ¡no firme distraído!

Hecha la aclaración, confíe en las Patrullas de la Bruma; ellos sabrán encontrar el camino.

¿Quiénes pueden formar una Patrulla de la Bruma?

Una Patrulla tipo podría estar formada, por ejemplo, por un Casanova que ha dejado un tendal de secretarias privadas seducidas y convertidas, además, en amigas incondicionales. También, una empleada muy simpática con 20 años de administración pública, y un viejo criollo, modelo Vizcacha que se las sabe todas. Si usted, joven funcionario, logra infundirles ánimo y juntos todos se divierten, serán invencibles.

¿Por dónde avanzan los baqueanos?

Por la puerta del costado y por los Sistemas Paralelos.

La puerta del costado

La puertita del costado existe en todas partes del mundo. Me refiero a las estructuras paralelas, no visibles, por donde circula el Poder. Las grandes crisis internacionales no las resuelven nunca los embajadores, sino un ignoto amigo del Presidente que se entrevista con un empresario amante de la cuñada del Primer Ministro, en el bar de un hotel en Yacarta.

La diferencia entre otros países y nosotros consiste en que aquí la puerta del costado es la única que se usa (Facultad de Derecho, por ejemplo). Es, en realidad, la puerta principal. La arquitectura de una ciudad expresa a la sociedad que la habita mejor que muchos libros de sociología, que se van por las ramas. Entre nosotros, la puerta principal en los edificios importantes está siempre clausurada. No es casualidad.

Los Sistemas Paralelos

1. Casi todos los días trepo con mi vehículo a los canteros centrales de la Avenida 9 de Julio y avanzo por allí raudo por debajo de las copas florecidas de los palos borrachos, rumbo al centro. Después vuelvo a San Telmo por la calle Tacuarí y cruzo los semáforos en rojo para escapar de los colectivos rugientes que quedan esperando la luz amarilla mientras yo avanzo por la calle vacía. A veces paso a contramano por delante de la comisaría. No tengo registro ni chapa patente. ¿Cómo se explica? Es fácil. Ando en bicicleta y las bicicletas son actualmente invisibles para la policía.

Están en un sistema paralelo.

Se me podría acusar de inconsciente, pero me defenderé diciendo que compruebo siempre que no venga nadie antes de cruzar los semáforos en rojo y que soy extremadamente respetuoso con los peatones. La vigencia del sistema paralelo nos permite, en este caso a los ciclistas, compensar la desventaja y el gran peligro que significa andar en bicicleta en una ciudad donde ésta no es respetada en absoluto y los colectivos son capaces de encerrarnos entre ellos y los autos estacionados, como si nada.

Este sistema paralelo es inimaginable en Amsterdam, donde circulan 500.000 bicicletas que son respetadas y los autos son menos de la mitad de ese número. En Argentina el sistema paralelo compensa, lo mismo que la economía informal, una situación formal injusta o imposible de cumplir.

2. Durante la última dictadura militar fui obligado a detenerme varias veces por cruzar trotando la calle Florida en "musculosa". Sin embargo, en la misma época y lugar descargué una vez ladrillos vistiendo un pantalón manchado de cal y *sin camisa*; la policía no me molestó para nada. ¿Por qué? Porque para ella yo era en ese momento un obrero de la construcción y un obrero sin camisa es invisible, aunque la norma no esté escrita en ninguna parte.

Siempre y cuando el fin que se persiga y también los medios sean éticamente válidos, es lícito y conveniente, a mi juicio, ingresar en un sistema paralelo para eludir la nebulosa burocrática, donde todo se pierde.

3. Cuando asumí la dirección del C.C.R. éste se llamaba *Centro Cultural Ciudad de Buenos Aires,* nombre demasiado largo y reiterativo. Comprobé que la mayor parte de los taxistas *no sabían dónde quedaba.* Decidí entonces cambiarle el nombre por *Centro Cultural Recoleta,* con lo cual, además de ahorrar palabras, quedaba señalada su ubicación en la ciudad con sólo nombrarlo.

Consultado el director administrativo, me explicó que el trámite duraría aproximadamente un año, pues después de recorrer varias oficinas el expediente debía ser aprobado por el Concejo Deliberante, en asamblea. Me preparó la solicitud y la firmé.

Inmediatamente llamé a la jefa de Prensa y le indiqué que a partir de ese momento todos los comunicados a los diarios y radios, deberían decir C.C.R.

–¿Pero cómo?... ¡si todavía no está aprobado! –me dijo Laura Quesada, levemente temerosa de mis arranques paraburocráticos, que eran frecuentes.

–Primero viene el nombre, después el Registro Civil –le contesté. Siempre es así.

Hice pintar un cartel en la entrada, con el nuevo nombre, y una vez que los diarios se acostumbraron éste quedó cambiado. Hoy hasta figura en los afiches que publica la Dirección de Cultura, cuyo secretario quizás ignore que el expediente respectivo, aún no aprobado oficialmente, anda circulando todavía por ahí o se habrá estacionado, quizás, en algún cajón ignoto.

4. En el capítulo 2 (El Poder del Domingo) conté cómo, en los hechos, pudimos infiltrar la monarquía en el poder municipal. Chiste va, chiste viene, lo cierto es que el C.C.R. nunca funcionó tan bien como entonces los días domingo (día clave), como lo atestiguan los empleados y los artistas que recuerdan con afecto aquellos días en que solía visitarlos recorriendo las salas y estimulándolos a todos.

Chiste va, chiste viene, como decía, el sistema paralelo de los domingos pudo establecerse porque entramos en una zona en blanco del sistema central. *Los domingos la estructura administrativa no existía en los papeles.* Pudimos, en consecuencia, inventar una que tampoco existía en el nivel simbólico pero que funcionó *y fue, además, el caldo de cultivo del cual surgieron, entre risas y anécdotas innumerables, las Patrullas de la Bruma, que tantos éxitos lograron adentrándose alegremente por los sistemas paralelos.*

Teoría de la fisura

La fisura no es lo mismo que los sistemas paralelos pero los conceptos se parecen.

"Mientras más rígido y perfeccionado es un sistema, más grande será la fisura." Es una ley que tímidamente denominaré principio de Livingston.

1. El caso reciente más interesante es el de Mathias Rust, el joven alemán de 21 años que en 1987 aterrizó con su avioneta en el centro de la Plaza Roja, en Moscú, burlando todo el sistema de defensa ruso, perfeccionado durante décadas por centenares de expertos con un costo sideral, y provocando la expulsión del cargo del ministro soviético.

¿Cómo fue posible? ¿Por qué no lo detectó el sofisticado sistema de defensa ruso? Rust entró, tranquilamente, por la fisura.

2. Hace 3 años los diarios de todo el mundo publicaron el caso de una señora de 50 y tantos años que se presentó en un hospital alemán (R.F.A.) de alta tecnología con el abdomen inflamado y quejándose de dolores. Fue examinada por varios especialistas y le hicieron estudios con resultados negativos. Al día siguiente tuvo un hijo, en un parto normal. Ningún médico había diagnosticado algo tan simple como es el embarazo.

¿Qué tienen en común Rust y el caso de la embarazada alemana?

Tanto el Ministerio de Defensa ruso como los médicos del hospital alemán apuntaban sus poderosos sistemas en la dirección equivocada. Ningún agresor aéreo podría acercarse a 80 metros de altura y a baja velocidad. Todo era previsto muy alto y muy rápido. Ninguna señora de más de 50 años puede quedar embarazada. Lo obvio no se ve cuando se apunta en la dirección equivocada.

El sistema es un elefante con la mirada fija, que avanza. Es también una grúa gigante, poderosa, incapaz de quitar un corcho de una botella.

Los sistemas no pueden ser creativos. No pueden tener sentido del humor. No pueden arrojar miradas ingenuas, originales, sobre la realidad. Los individuos (algunos), sí.

Conclusión: David puede vencer a Goliat.

CAPÍTULO 13

Manual del joven transgresor

Imaginemos a un pescador que a lo largo de los años arrojó al mar su única red. "Puedo asegurar -podrá decir un día- que en todo el mar no existe un pez de tamaño inferior a 6 centímetros."

Nunca se detuvo a observar la trama de su red, que es precisamente de 6 centímetros, porque su mente está dirigida a los peces, no a la red.

Mathias Rust penetró la red defensiva soviética con su avioneta sin ser detectado porque estuvo más cerca del sistema de los pájaros, y aun de las hormigas, que del comportamiento de los misiles intercontinentales portadores de ojivas nucleares.

La red rusa (su sistema de defensa) estaba preparada para atrapar peces de gran tamaño, que volaban muy rápido y a gran altura. La red no fue diseñada para detectar pájaros ni hormigas. Después se dedicaron a perfeccionar más y más el sistema, pero nadie se detuvo a observar la malla de la red. Esta fue tomada como algo dado, como algo obvio. Toda la atención se concentró en los grandes peces.

Esta metáfora sirve para aclarar más el concepto de *fisura* esbozado en el capítulo anterior, concepto de gran utilidad para eludir toda clase de sistemas, no sólo los burocráticos.

El caso de la embarazada alemana, citado en el mismo capítulo, puede explicarse de la misma manera. El pre-juicio puede ser visto también como una trama fija de la red, trama de la cual el sistema no tiene conciencia.

Toda aparición de OVNIS es relegada a las páginas interiores de los diarios en cualquier parte del mundo, aunque resulte avalada por 100 veces más testigos que los necesarios para mandar a alguien a la silla eléctrica; los informes oficiales recurrirán siempre a las "alucinaciones colectivas", "fenómenos atmosféricos", "globos sonda", etc.

Podría aventurarse que quizá también los fenómenos parapsicológicos científicamente estudiados como la telekinesia, la precognición, la telepatía, etc., podrían ser explicables si contásemos con la red adecuada.

El pase de un sistema a otro a través de la fisura, ese delicado punto de inflexión, es un atractivo tema que no desarrollaré aquí para no alejarme de la trama central de estos capítulos: el Manual del joven transgresor.

Transgresiones dentro del sistema

1. Hace ya varios años que compro helados de 7 pesos pagando sólo 4, en cualquier heladería de Buenos Aires.

Compro un vale por un helado de 4 pesos y le pido al empleado que me lo sirva en un vaso del tamaño mayor siguiente, "pero con la cantidad de helado que corresponde al vasito de 4, por supuesto". Siempre aceptan pero en el momento de armar el consabido copete, la mano del heladero describe un arco ascendente que hace crecer el helado hasta desafiar las leyes de la gravedad. Su mente pudo aceptar la propuesta pero no sus manos que obedecieron, una vez más, a la rutina. Conclusión: me sirvió un espléndido helado de 7. (Quizás a partir de ahora pierda la oportunidad de repetir el experimento con los heladeros lectores de HUMOR y de este libro, pero qué le vamos a hacer. Quedarán de los otros, espero.)

2. Hace algún tiempo viajaba como pasajero en el auto de mi hermano, cuando nos detuvo un sargento de policía porque íbamos de contramano, sin advertir que esa calle había cambiado de mano pocos días antes (¡nada menos que Libertador!).

Le pedí a mi hermano que dejara el asunto en mis manos.

Cuando el sargento terminó de hablar y se disponía a hacer la boleta correspondiente, yo me dirigí a mi hermano con tono enérgico, como si fuera un comisario retando a su subordinado:

-Horacio, ¡el sargento está llevando a cabo un procedimiento correcto! Él pertenece a la Repartición y procede en consecuencia. Vos estás transitando por la calzada con tu vehículo en contravención -agregué casi a los gritos.

El policía bajó la cabeza para poder observarme (yo estaba en el asiento de atrás) y me preguntó:

-Perdón... el señor (yo) pertenece a...

Lo interrumpí, sin cambiar el tono:

-Su procedimiento es correcto, sargento. Yo en este momento soy un simple ciudadano, y el señor (mi hermano) -agregué enérgico- es el conductor habilitado del vehículo y por lo tanto responsable del mismo. No tiene excusas para eludir el cumplimiento de las disposiciones vigentes.

El sargento vaciló por un momento, le devolvió el registro a mi hermano y le indicó con una mano la forma de girar para salir del atolladero. Con la otra mano detuvo a una manada de autos que, rugiendo como búfalos, debió esperar nuestro solitario giro en redondo, en medio de la avenida.

La manada reanudó su marcha que nosotros presidimos triunfantes.

3. Mi ex mujer, Mónica Müller y yo llegamos al sitio donde estaba estacionado nuestro auto, justo cuando la grúa policial lo estaba levantando para llevárselo.

En el momento, con acuerdo tácito, inventamos la escena.

Policía: –¿Es suyo el auto, señor?

Mónica: –¡Sí, es de él, de mi marido, de ese estúpido que usted ve allí! ¡Llévreselo, señor, se lo merece, y después tírelo al río, que también lo merece!

(Yo bajé la vista humillado y disminuyendo aun más mi altura, algunos centímetros inferior a la de Mónica, que mide 1,79 y tenía, además, tacos altos.)

Policía, girando la manija al revés y empezando a bajar el auto:

–Pero, señora... no será para tanto...

–¿Que no? ¡Usted no sabe con el idiota con que me casé!

Conclusión: El policía no pudo llevarse el auto. En ese momento fue un hombre solidario con un colega humillado.

En un caso configuré a un comisario y en el otro a un marido vapuleado, nada menos que por una mujer.

En ninguno de los ejemplos anteriores (estrictamente verídicos) yo me salí del sistema, ni utilicé fisuras ni sistemas paralelos, ni la puerta del costado. Tampoco la coima, recurso que detesto tanto por razones éticas como por la falta de imaginación que pone en evidencia.

Simplemente implementé el sistema a mi favor. En el caso del helado *utilicé a mi favor la rutina,* una característica de la burocracia que por lo general juega en contra nuestra. En el caso del sargento, *no me opuse a la sanción que merecía mi hermano, sino que la respaldé de manera extrema.* De paso, me apoderé del lenguaje y del tono del jefe del sancionador, lo cual lo desorientó por completo.

Creo fervientemente que las soluciones a los problemas no sólo deben ser eficaces sino, además, bellas. Sencillamente porque la vida debe ser bella. Y, de ser posible, divertida.

4. Una maestra que conocí en la casa de Lily Berardi, la estupenda periodista radial de San Pedro (provincia de Buenos Aires) me contó la siguiente anécdota:

Durante la época de la última dictadura militar le llegó una amonestación (o memo, o como se llame) de la directora del colegio donde trabajaba, prohibiéndole que en lo sucesivo se presentara en la escuela vistiendo pantalones.

Ella contestó "elevando" una larga nota, dirigida a su directora y, dirigida por su intermedio, a la directora nacional de Educación Primaria, en la cual expuso minuciosamente, una por una, todas las razones por las cuales consideraba que era más conveniente utilizar pantalones en lugar de pollera en su trabajo como maestra.

La nota estaba redactada en impecable lenguaje burocrático, tenía 7 hojas de extensión y decía cosas de este tipo:

"Existen casos en que cierto tipo de objetos, habituales en el aula, como tizas, lápices, etc., caen al piso por razones fortuitas. Cuando la maestra se dispone a recoger dichos objetos partiendo de la posición 'de pie' y en el momento de extender los brazos en dirección al piso, el borde posterior-inferior de la pollera trepa -en forma involuntaria, por cierto-, algunos centímetros. Pocos quizá, pero suficientes para permitir la exhibición de partes posteriores del muslo que habitualmente permanecen ocultas. Esta situación puede llegar a producir indeseables fantasías eróticas en los pequeños educandos, creándose situaciones que... etc., etc."

Y así seguía. La directora no se animó a enviar la nota, que habría iniciado expediente, y optó por hacer la vista gorda ante los pantalones de la hábil maestra, todo un ejemplo de joven transgresora, digno de ser estudiado.

Una cuestión de límites

Mi padre lució una recortada barba blanca durante los últimos 15 años de su vida. Su aspecto venerable contrastaba con su espíritu jodón, asunto del que sabía aprovecharse muy bien.

Una vez, allá por la década del '50, le prohibieron la entrada al casino de Mar del Plata porque no tenía corbata, aunque sí un elegante saco sport.

Retrocedió algunos metros, se sacó un cordón del zapato y se lo puso en el cuello, a modo de corbata.

-Señor, eso no es una corbata, no puede pasar.

-Estoy dispuesto a cumplir con el reglamento, pero eso sí, le ruego que me lo muestre para comprobar en qué detalles mi corbata no se ajusta a las normas.

Por supuesto, la definición de corbata no estaba suficientemente aclarada en las normas. Mi padre recordó que las corbatas de los norteamericanos del siglo pasado (de quienes somos descendientes) eran muy parecidas a la que él acababa de improvisar. El empleado no tuvo más remedio que ceder.

Las anécdotas de mi padre son inagotables. Cada tanto me encuentro con alguno de sus amigos (todos 20 ó 30 años menores que él) y, a casi 30 años de su muerte, sigo enterándome de nuevas situaciones, donde siempre brilló su humor y también su ternura.

Vaya para él, y por primera vez de manera pública, mi recuerdo emocionado, en el que me acompañarán tantas personas de todas las clases sociales que disfrutaron de su trato y de su carácter noble.

La anécdota de mi padre ilustra un tema apasionante como es el de los límites. Todo cuerpo normativo se ve obligado a definir, esto es a fijar límites entre situaciones o cosas. Entre esos límites siempre existen rendijas por las que es posible pasar alegremente, montado, eso sí, en una de las cualidades más maravillosas e inexplotadas con que cuenta el ser humano:

La imaginación

Casi todos los gobiernos tienen conciencia del flagelo de la burocracia e inician pomposas campañas de desburocratización.

En Brasil, hace algunos años, llegaron a crear el Ministerio de Desburocratización, del cual ya nadie se acuerda.

Alguno de estos funcionarios anti-sistema podría comentar, seguramente, al leer estos capítulos de mis "Memorias...".

–Todo muy gracioso pero con estas salidas individuales nunca se podrá modificar el sistema. Sólo un trabajo organizado como el nuestro podría llegar a tener éxito.

Se equivoca. *Ningún sistema atenta contra sí mismo.*

Mucho más viable, en cambio, es el camino de las iniciativas aisladas, teniendo en cuenta, sobre todo, que *pueden llegar a ser contagiosas,* como lo fue la rebelión popular frente a la comisaría de la localidad de Tres Arroyos, en la provincia de Buenos Aires, unos meses atrás. La rebelión popular ante la corrupción policial se extendió a otras localidades y se obtuvieron éxitos sustanciales.

Hasta aquí expuse algunas técnicas y el embrión de una teoría, susceptible de ser desarrollada. No obstante, nada de esto servirá, si falla la imaginación, el ánimo, o el espíritu de juego.

"De nada valgo si te falla el corazón", es una inscripción que leí en el puño de una espada medieval, exhibida en un museo de España. El principio vale para toda técnica que tenga que ver con las relaciones humanas.

Terminaré este capítulo con la transcripción de un hermoso texto de Eduardo Galeano titulado *"Pájaros Prohibidos"* (Palabras, edit. Gente Sur):

> "Los presos políticos uruguayos no pueden hablar sin permiso, silbar, sonreír, caminar rápido ni saludar a otro preso. Tampoco pueden dibujar ni recibir dibujos de mujeres embarazadas, parejas, mariposas, estrellas ni pájaros.

"Didaskó Pérez, maestro de escuela, torturado y preso *por tener ideas ideológicas*, recibe un domingo la visita de su hija Milay, de 5 años. La hija le trae un dibujo de pájaros. Los censores se lo rompen a la entrada de la cárcel. Al domingo siguiente, Milay le trae un dibujo de árboles. Los árboles no están prohibidos y el dibujo pasa. Didaskó le elogia la obra y le pregunta por los circulitos de colores que aparecen en las copas de los árboles, muchos pequeños círculos entre las ramas:

–¿Son naranjas? ¿Qué frutas son?

La niña lo hace callar:

–Ssshhh.

Y en secreto le explica:

–Bobo. ¿No ves que son ojos? Los ojos de los pájaros que te traje a escondidas."

CAPÍTULO 14

La Argentina callada

Es muy probable que las observaciones sobre el Centro Cultural Recoleta que registran estas Memorias puedan generalizarse, en buena medida, a otras instituciones. Quizá sea en este punto donde resida el interés y la posible utilidad de estos apuntes, más allá de las anécdotas consideradas en sí mismas.

En capítulos anteriores traté el tema del Síndrome del Secreto y el de la incomunicación. Expliqué los caminos que encontramos –con la ayuda de los psicólogos sociales– para romper el bloqueo que existía entre los empleados, entre éstos y el público y también entre el público y los artistas. Comunicar fue mi consigna y fueron varios los éxitos que logramos en este aspecto.

Me referí también a la incomunicación entre el público y el lugar, la cual, sin duda, se produce en casi todos los grandes edificios argentinos, nunca señalizados. Otro tanto ocurre con la ciudad. Más de un centenar de calles esperan su turno en el Concejo Deliberante, donde les será cambiado el nombre. Hay calles que han cambiado cinco veces de nombre, existen otras con el mismo nombre (en la misma ciudad) y también calles que cambian de nombre varias veces en su recorrido. *En síntesis, un sistema casi perfecto al servicio de la desorientación ciudadana (carteros incluidos).*

La falta de comunicación fluida y clara con el lugar donde se habita afecta la comunicación entre las personas, asunto que trato con mayor extensión en otro libro.[5]

Cuando terminé mis funciones como director del C.C.R., y motivado por la redacción de estos capítulos, seguí observando y estudiando el funcionamiento de los organismos municipales. Creo que, de hecho, no pudieron echarme de la Municipalidad. Aunque no cobre el sueldo, sigo actuando por allí en los ratos libres, atrapado por el interés que el tema ha logrado despertar en mí.

Ahora narraré algunos episodios relacionados con los temas mencionados al principio: Síndrome del Secreto e Incomunicación.

Hospital Argerich 1

Las salas de espera (pasillos) están atestados de gente que protesta.

–Vine a acompañar a mi padre que estaba citado para las 8:30. Son casi las 12 y no nos atienden, ¡ahora tengo que ir a darle de comer a los chicos y no sé qué hacer!

El mal humor cunde por todas partes por el mismo motivo. La gente trata de atrapar, al paso, a cuanto guardapolvo blanco pasa por allí para obtener pedacitos de información siempre retaceada. En la mayoría de los servicios las recepcionistas brillan por su ausencia. Los únicos carteles que se ven en las paredes dicen PROHIBIDO FUMAR. Los médicos pasan por delante, fumando. Dan el ejemplo, pero al revés.

Hablo con los médicos y me explican:

–Antes citábamos a los pacientes cada media hora, pero cuando faltaban dos seguidos el equipo médico quedaba para-

5. *"Arquitectura y autoritarismo"*, ediciones De La Flor.

lizado, sin nadie a quién atender, por eso ahora citamos a todos juntos a las 8 y después los vamos haciendo pasar.

–¿Por qué no informan entonces eso con carteles escritos en lenguaje comunicativo, amable, sin acartonamiento? –les pregunto. No hay respuesta.

Al día siguiente, por la mañana, me dediqué a patrullar todas las salas de espera, en los demás pisos. Le pedía a la gente que se acercara y le explicaba cómo era, en realidad, el sistema de los falsos turnos y las razones en que se fundaba. Me agradecían –y después de algunas protestas– la tensión se aflojaba y se dedicaban con entusiasmo a contarse los síntomas, operaciones, biopsias y otros avatares.

Los enfermos confían mucho en los otros pacientes que ya pasaron por aquello que a ellos les espera y les provoca una justificada ansiedad y temor. Cómo fue la operación, cómo se siente uno sin vesícula, etc., etc. *Es notable ver cómo los operados infunden ánimo y disminuyen la angustia de los que aún no pasaron por el temido quirófano.*

Cuando los que esperan saben que probablemente tendrán que pasar allí toda la mañana, pueden entregarse, sin ansiedad ni mal humor, a la importantísima terapia grupal que, de hecho, se produce en las salas de espera. De esta manera el tiempo muerto y el mal humor se convierten en tiempo útil, gracias a la información oportuna. Porque la curación no se inicia en el quirófano, sino antes, durante este necesario contacto humano a través del cual el paciente se predispone para obtener la salud. Si hoy tuviera que diseñar un hospital, las salas de espera tendrían una disposición especial, a la luz de mis observaciones recientes.

Aquella mañana formé una Patrulla de la Bruma compuesta por una sola persona: yo mismo. El escaso número de componentes permitió una gran versatilidad en la acción. En poco más de 1 hora informé –y colaboré para que se comuniquen entre sí– a unas 300 personas.

¡Qué buena oportunidad para que hagan trabajos prácticos los estudiantes de psicología social o para que se den una vueltita por los pasillos, de tanto en tanto, los psicólogos que trabajan en los hospitales!

Argerich 2

En el hospital Argerich se desempeña el Dr. Néstor Román, un profesor excelente que envía a sus alumnos de incógnito, para que sean atendidos como pacientes en la guardia y que puedan apreciar de esta manera, cómo es la medicina vista desde el lado del paciente.

María Romano, Luis Baliña, Bernardo Chomski, Antonio Duro, Marcela Cirigliano y Ricardo Basso son médicos que dan a sus pacientes mucho más que remedios. Les dan afecto, comprensión y, como en el caso del pediatra Chomski, hasta leche en polvo y pañales, pagados de su bolsillo. Todo esto lo he comprobado reiteradamente por boca de pacientes consultados. Como ellos, centenares de médicos, enfermeras y técnicos hacen lo mismo en todos los hospitales del país. Para ellos el aprecio del pueblo y el rechazo para médicos como el Dr. Quintana, jefe de Urología en el mismo hospital, que trata mal a la gente, según el testimonio coincidente de numerosos pacientes y alumnos.

Pero *lo cierto es que el autoritarismo y la incomunicación predominan en la medicina. Y no sólo en los hospitales.*

También en la Facultad de Medicina se ven largas colas de estudiantes que mendigan pedacitos de información a través de ventanillas minúsculas. Fechas, notas, postergaciones y decenas de datos que sería sencillísimo comunicar en la era de las computadoras, son retaceados constantemente a los estudiantes, que padecen inútilmente, en lugar de gozar con el estudio y el conocimiento.

Argerich 3

Como todo el mundo sabe, las camas no alcanzan. "Solución": Se aconseja a los pacientes internarse 4 ó 5 días antes de la operación "para reservar el lugar", con lo cual, evidentemente, se agrava el problema en lugar de aliviarse.

La causa radica en la mala utilización de los equipos de análisis e investigación, cuyo uso no está racionalizado. Sólo se trata de organizar correctamente. Esto fue dicho por varios médicos consultados. ¿Por qué no se lo dicen al director del hospital?, les pregunté. No se sabe. Nuevamente la incomunicación.

Otros casos

1. Cuando un tren o un subte se detiene fuera de la estación nadie informa la causa ni el tiempo probable de espera. ¿Será por 5 minutos? ¿2 horas? ¿Medio día? No se sabe. Salvo casos aislados, la gente permanece inmóvil en sus asientos sin preguntar y sin hablar entre sí, como si nada ocurriera.

2. El Banco Alemán. Ambiente moderno, lleno de computadoras. Espero 10, 15 minutos para cobrar un cheque que presenté. A mi lado, unas diez personas están dispuestas a esperar todo lo que sea necesario. Desde el techo cuelgan carteles referidos a la tradicional eficiencia alemana. "VENGA Y HABLEMOS", es el slogan.

De pronto, levanto los brazos y digo en alta voz, con una gran sonrisa: "¡AQUÍ ESTOY. HE VENIDO Y QUIERO HABLAR! ¡Hace 15 minutos que quiero cobrar mi cheque!".

Se armó un pequeño revuelo, aparecieron mágicamente varios empleados detrás de las cajas y todos cobramos los cheques casi al instante. Pude escuchar varios "¡tiene razón señor!". Me fui con mi plata y pude ver que todos habían quedado comunicados entre sí.

Conclusión: Ya no le apuntan con un revólver. Así que HABLE, proteste. ¡Júntese con los otros!

"Nadie podrá montársenos encima si no encorvamos la espalda".[6]

El éxito mayor de una dictadura se produce cuando los reprimidos siguen reprimiéndose solos, a sí mismos. Por vergüenza, por temor al ridículo, o por lo que sea, pero es lo que ocurre. Creo que todas estas pequeñas represiones e incomunicaciones cotidianas son importantes. No debemos dejarlas pasar porque el entrenamiento que produce combatirlas con éxito nos hace bien y se contagia a otros aspectos de la convivencia. Y la convivencia con solidaridad es la única forma hermosa de vivir que existe en este planeta.

"El papel de los hombres es disminuir la soledad en el mundo. Quien la aumenta, se sitúa del lado de la muerte".[7]

Las semillas vuelan

En relación con el capítulo 7, "Los artistas programan el Centro"; recibí cartas y la visita de varias personas del interior del país interesadas en algunos de los programas truncos del C.C.R., para aplicarlos en sus lugares de influencia.

En aquel capítulo había dicho que no me sentía para nada amargado por mi destitución, pues sabía que las semillas vuelan y tarde o temprano, germinan. Pues bien, las semillas volaron y el viento que las trasladó fue HUMOR. Y el humor.

Estos son los nombres de las personas con quienes tuve el placer de entrar en contacto. Malvina Gutiérrez, Valeria Rabal y Marcela Echevarría (las tres de Tandil), Susana García (de Chañar Ladeado, Sta. Fe), el Dr. Gerardo Morales, intendente de Colón (Pcia. de Bs. Aires) y Oscar Castelo, director de Extensión Universitaria de la Universidad del Comahue (Pcia. de Neuquén). También me escribieron otras personas en relación con otros temas tratados en las Memorias. A todos les contesté. Espero que las cartas hayan llegado. Respondiendo al interés despertado por los programas truncos del C.C.R. (año '90) añadí su publicación en el Apéndice de este libro.

6. Martin Luther King.

7. *"Memorias de un librero"*, de HÉCTOR YÁNOVER. Ediciones De La Flor.

Ante la puerta del Argerich yacen 35.000 dólares de hormigón
aptos para sostener encima un edificio de 11 pisos.
Sostienen el aire y dificultan la entrada de las autobombas.
Un despilfarro hecho durante el gobierno del brigadier Cacciatore,
un verdadero amante del hormigón armado.
Datos técnicos: ingeniero Gerardo Andrade.

Como en casi todos los edificios argentinos
la señalización del hospital es confusa. La señal que más se destaca en el hall central es un dibujo de Jesucristo en la cruz con la siguiente leyenda:
"PADRE, PERDÓNALOS PORQUE NO SABEN LO QUE HACEN".
(¿Se refería a los arquitectos?...)

CAPÍTULO 15

Instrucciones para el joven funcionario

Un ministro de Economía argentino se parece más a su colega norteamericano o inglés que a otros argentinos, como podría ser por ejemplo, un obrero en Catamarca. Los distintos grupos sociales se parecen entre sí, aunque vivan en diferentes partes del mundo; tienen, sin embargo, características propias que reflejan la idiosincrasia de cada país.

Sería inimaginable en la Argentina, por ejemplo, una sección fija dedicada al humor militar en una revista de las fuerzas armadas. Es más, en nuestro país los términos *humor* y *militar* suenan contradictorios.

La iglesia argentina es la más conservadora del mundo porque la mayor parte de los obispos antes que curas, son argentinos, lo mismo que los militares.

La dictadura militar brasileña nunca se preocupó demasiado por censurar los temas sexuales, verdadera obsesión de sus colegas vernáculos, porque antes que militares aquéllos son brasileños, gente sensual por antonomasia gracias a la presencia histórica de la raza negra que, para nuestra desgracia, nosotros no supimos conservar.

El funcionario argentino tipo. Actitudes y costumbres

Durante mi gestión en el C.C.R. tuve oportunidad de conocer a varios funcionarios, a partir de los cuales me atrevo a esbozar un "perfil" (como se dice ahora) de argentino-funcionario, cuyas características principales son las siguientes:

1. **Confunde nervioso con dinámico.** Interrumpe las entrevistas continuamente atendiendo llamados telefónicos sin ton ni son. Cruza por los pasillos a paso rápido, papel en mano y ceño fruncido.

2. **No sabe organizar su tiempo.** Un subsecretario llegó a mi oficina, acompañado por una amiga común, y se desplomó en un sillón.
–No lo vas a creer –me dijo tras un suspiro– pero es la primera vez que puedo relajarme desde las 8 de la mañana (eran las 8 de la noche).
–¿Pero qué es lo que te pasa? ¿Por qué estás así? le dije invitándolo a jugar con mi balero.
–¿Por qué? Decí a cuántas personas recibí hoy. ¡Recibí a cuarenta personas! Estoy agotado.
Me contó después que a lo largo de las semanas desfilaban por su despacho centenares de personas planteando problemas que, en su mayor parte, eran tipificables y podrían, por lo tanto, tratarse en grupos.

3. **Cree que lo bueno es sufrir.** Lo primero que dirá un funcionario argentino a su entrevistado es que se encuentra

sobrepasado por las circunstancias, literalmente agotado, que llega a su casa a las 12 de la noche y que se ha olvidado, desde hace meses, de los fines de semana de descanso. Aunque todo esto no sea estrictamente cierto, en muchos casos, es ésta la imagen que casi todo funcionario argentino desea que los demás tengan de él.
En el extremo opuesto a esta actitud sacrificada están ubicados los presidentes norteamericanos que, desde hace décadas, se niegan a suspender sus partidas de golf por más grave que sea la crisis internacional que deban afrontar. Además, no se sabe porqué, siempre que se desata una crisis están jugando al golf.

4. ¿Dónde se aprende? Los funcionarios importantes que ocupan los llamados *puestos políticos* suelen desconocer su trabajo concreto hasta el día de su nombramiento.
Cualquier actor con cierto prestigio (¡como actor!), médico, arquitecto o poeta puede ser designado, de un día para el otro, director de un teatro con mil empleados o subsecretario de tal o cual cosa con veinte oficinas a su cargo.
Ni hablemos de los embajadores. El cargo sirve para que los presidentes "alejen" a ciertos colaboradores molestos. De un día para otro el nuevo embajador, inicia sus funciones sin que hasta el día anterior supiera *qué cosa es la diplomacia* (caso Dromi). ¿Es ésa la manera ideal de formar un cuerpo diplomático?

¿Cómo dirigir?, ¿cómo utilizar el tiempo, qué es lo más importante?, ¿qué es lo urgente?, ¿cómo organizar?, ¿cómo comunicar, qué comunicar?, ¿cómo *plantear* los problemas antes de encararlos?, son cuestiones ajenas por completo a la experiencia previa y a los conocimientos de los flamantes funcionarios. ¿Cómo se implementa una reunión de trabajo? ¿Cómo se inicia una reunión, cuál es la diferencia entre una reunión informativa y una reunión creativa?

Imaginemos por un momento la posibilidad de que alguien sea nombrado piloto de aerolíneas de esa manera y al día siguiente parta en vuelo a Hawai, con 150 pasajeros a bordo. Bueno, el caso sería parecido.

Eran realmente patéticas aquellas reuniones de los lunes en la Secretaría de Cultura. Horacio Salas se presentaba luciendo su clásico estilo "agobiado look" y nos saludaba con el gesto de quien da el pésame. Cualquiera empezaba a hablar; era un caos y no se llegaba nunca a ninguna conclusión. Una vez (¡lo juro!) el secretario empezó así la reunión:
-Por favor... que alguien me diga algo bueno para levantarme el ánimo...

En un nivel más alto, los gobernantes tampoco se preparan para gobernar, sino para ganar.

El tema de la *gestión gerencial* está estudiado desde hace años por los norteamericanos, europeos y japoneses, quienes dan seminarios -que a veces tienen la duración de un fin de semana- en todas partes del mundo. En Argentina existen desde hace tiempo cursos y profesores de esos temas. En una de aquellas reuniones propuse que hiciéramos todos uno de esos seminarios y todavía recuerdo la cara de absoluta incomprensión con que fui mirado. Ni siquiera me contestaron.

Temas como "El arte de resolver problemas", "El pensamiento creativo", "Grupos operativos", etc. etc., son parte de la formación de los dirigentes en el ámbito privado, pero se ignoran en la función pública, salvo excepciones.
Y lo que es peor, no se sabe que se ignoran.

Manual del joven funcionario

Sé que muchos considerarán una petulancia de mi parte pretender enseñar algo acerca de lo cual sólo tuve 5 meses y medio de experiencia: la función pública.

Diré en mi descargo que si bien nunca había sido funcionario del Estado, he dirigido grupos humanos durante más de 30 años. Desde mi experiencia inolvidable en la erradicación de una villa miseria en Cuba en 1961[8] dirigí también varias cátedras en la universidad y otros grupos (aeróbicos, de postgrado, etc.).

Pero sobre todo enriquecí siempre mi experiencia con numerosas lecturas de libros y artículos escritos mayoritariamente por norteamericanos y referidos a la organización, relaciones humanas, técnicas para resolver problemas, etc. También me ayudó el frecuente contacto con brillantes psicólogos argentinos, con sus libros, conferencias y aun con su amistad personal, como es el caso de mis admirados Martha Berlín, Tato Pavlovsky y Alfredo Moffatt, estos últimos reiteradamente citados en estas Memorias.

Aquí van entonces, en muy apretada síntesis, algunas reflexiones y consejos para funcionarios·

1. La importancia del vacío

Hubo una vez un concurso de leñadores. Resultaría ganador el que cortara más leña durante una mañana completa de trabajo.

Uno de ellos hachó sin descanso y el otro se detuvo durante 10 minutos cada hora. Ganó el segundo leñador porque empleó sus descansos en afilar el hacha.

Hay gente que me dice en relación con estas Memorias:

-¡Ya vas por el capítulo 15 y sólo estuviste 5 meses en el C.C.R.! ¡Prácticamente debés haber vivido allí adentro!

La realidad es que yo me había fijado un horario limitado que cumplía estrictamente: de 3 de la tarde a 8 de la noche, incluyendo también una incursión de 3 horas los domingos por la tarde. No podía abandonar mi trabajo particular de arquitecto, no solo porque me gusta mucho sino porque además el sueldo de funcionario no me alcanzaba para vivir.

8. Experiencia relatada en *"Cirugía de Casas"*, Ediciones Kliczkowski.

Casi todas mis ideas y decisiones relacionadas con el C.C.R. se me ocurrían fuera de él; por ejemplo, cuando corría por la Costanera sur o viajando en colectivo hacia allá, es decir, *cuando afilaba el hacha y no cuando hachaba.*

El vacío temporal al que hago referencia, el vacío creativo, se relaciona mucho con el vacío espacial comentado en el capítulo 9.

2. Examine siempre la periferia

Algunos funcionarios abandonan el escritorio y recorren sus dominios, pero en general cometen un error: *sobrevuelan.*

Estrechan manos y reparten sonrisas por todos lados, dando siempre a entender que, como son importantes, están apurados. El instante que les importa es siempre *el siguiente* (psicología de semáforo).

Recomiendo al joven funcionario que vaya a uno de los últimos extremos de un brazo de su institución *y que se quede allí un rato largo,* como si no tuviera nada más que hacer. Relájese y escuche. Cálmese. Mire. Es mejor un solo punto bien comprendido que sobrevolar la zona de desastre (como dicen los diarios). *Casi siempre en esa pequeña célula está contenido el todo.*

Viaje siempre desde lo último, desde lo más humilde, hasta el centro, ida y vuelta. La parte del medio se explicará después, sola, una vez que se comprendan los extremos.

3. Confíe en la fuerza creativa y en la justicia de los grupos

Cuando un problema se plantea correctamente en un grupo, el grupo mismo contiene la solución. Sólo hay que saber apretar los botones correctos o sacar todo lo que sobra, como el escultor frente al bloque de piedra.

La principal función de un dirigente es *ver,* no sólo mirar. También escuchar, pensar y *estimular.*

No es una buena utilización del tiempo viajar tontamente de un lado al otro leyendo discursos escritos por otro.

4. Instrúyase

Es posible aprender a dirigir, a organizar y aun a pensar correctamente. Lo que no se puede aprender son las ganas. Las ganas de gobernar con acierto.

- *"Allí va mi pueblo. Debo correr y alcanzarlo para poder guiarlo."*

  (MAHATMA GANDHI)

- *"Nunca goberné a Rusia. ¡Diez mil burócratas la gobernaron!"*

  (ZAR ALEJANDRO)

- *"El expediente no es la persona."*
- *"El poder no cambia la gente. La muestra."*
- *"En los sistemas muy vastos, la relación no se establece con el individuo sino con su número de seguro social, su registro de conductor o algún otro fantasma de papel."*

  (JOHN GALL)

- *"Es más fácil hacer leyes que gobernar."*

  (TOLSTOI)

- *"El arte no tiene por objeto dejar obras que el tiempo deteriora, sino crear artistas en todos los hombres y despertar en el hombre común el genio dormido."*

  (FEDERICO NIETZSCHE)

- *"Mis deseos son órdenes para mí."*

  (O. WILDE)

- *"La alegría está en la lucha, en el esfuerzo y no en la victoria misma."*

  (MAHATMA GANDHI)

CAPÍTULO 16

Ofelia Olsewicz: la sensualidad al poder

En el capítulo anterior me referí al funcionario argentino típico. Hoy quiero hablar de las excepciones, porque también forman parte de la realidad.

La antesala de su despacho se parece a todas las demás, con una curiosa excepción: hay dos silloncitos nuevos de color... ¡rojo! Tan insólito color dentro de un mundo beige despertó levemente mi curiosidad. Todo se aclaró cuando se abrió la puerta del despacho y apareció ante mí la arquitecta Ofelia Olsewicz, directora general de Obras Particulares de la M.C.B.A., una morocha espectacular presidida por una enorme boca sonriente. Alegre y sencilla, el trato con Ofelia revelaba en ella una verdadera pasión por el arte de enfrentar problemas y lo que resultaba también interesante, era la actitud positiva que demostraba tener hacia el público que acudía a sus oficinas.

La ambientación de un lugar expresa siempre a sus habitantes según he podido comprobar durante mi larga experiencia como cirujano de casas. En la oficina de Ofelia abundan las plantitas y las flores que le trajeron, a su pedido, de la Dirección de Parques y Paseos. "Eso sí, sin las macetas ni la tierra que debí comprarlas yo", me dice.

En lugar de retratos destartalados de próceres enojados o mapas desactualizados, cuelgan de las paredes afiches sensuales y alegres.

De la conversación con Ofelia anoto, al pasar, algunas de sus frases, cuya veracidad pude comprobar conversando luego con los empleados y con el público.

–Aquí recibimos problemas, no tarjetas de recomendación.

–No me banco la espera ni el maltrato al público.

–¿Dónde está escrito que la solicitud debe estar escrita a máquina? Las dactilógrafas son una casta en extinción.

–Saqué el reloj y decidí que nadie fichaba. Eso sí, cada tanto hago un "parte volante" para saber dónde está cada uno en un momento dado. Desde entonces el cumplimiento de la gente mejoró mucho.

–La función pública es como un embarazo, una experiencia dolorosa e intransferible.

–La gente quiere que la comprendan y saber cuáles son las reglas del juego.

–El organigrama debe ser móvil, de acuerdo con las circunstancias, que son cambiantes.

–Eliminar pasos innecesarios en los trámites.

–Los traslados de personal como método para resolver problemas equivalen a barrer debajo de la alfombra, salvo que sean con sumario.

–Los empleados se arrinconan y no asumen su rol porque suelen ser salteados por los directores generales que quieren estar en todo y no están en nada.

La arquitecta Ofelia Olsewicz en su oficina de la M.C.B.A.

Cet
Obscur
Objet
du
Désir

Toda la personalidad de Ofelia Olsewicz irradia sensibilidad y sensualidad. Al contemplarla mi mente machista no puede dejar de imaginar que detrás de su buen humor asoma un marido meritorio. ¿Acaso cuando nos encontramos con un hombre alegre y eficiente atribuimos el mérito a una mujer? Es posible de todas maneras, que la cosa funcione al revés: conseguimos el hombre o la mujer adecuados y estimulantes, cuando estamos bien, positivos y con "buena onda". Después, el sistema se refuerza a sí mismo, como todos los sistemas.

Para todas las Ofelias y Ofelios que, muchas veces de manera anónima, nos hacen la vida más fácil, más llevadera y más alegre, vaya, por mi intermedio, el reconocimiento del público y de los compañeros que tienen la suerte de trabajar con ellos.

Hasta la próxima.

El autor junto a Pino Solanas y su esposa Ángela durante el 1er. Foro Social Porto Alegre, año 2003.

CAPÍTULO 17

Hasta siempre

Y al final, ¿por qué te echaron?, suele preguntarme la gente, aún hoy, a casi un año de distancia de mi alejamiento del C.C.R.

La gota que desbordó el vaso fue, probablemente, la denuncia que hice, junto a Pino Solanas, del despojo que significó la entrega de Galerías Pacífico al usufructo de un empresario amigo del Presidente. O el hecho de que, siendo funcionario, no me quedara callado frente a otras pequeñeces de este triste gobierno.

O que hubiera implantado la participación de los trabajadores (cogestión gremial) en la Dirección del C.C.R., con el consiguiente peligro de "contagio" a todo el organismo municipal.

O que mi preocupación por el público, por los empleados y por la cultura reemplazara por completo al juego de cualquier "interna" o a la trenza con algún empresario rapaz.

O también quizá, según la opinión de algunos, que a mis jefes les molestara mi espíritu libre.

–Te aseguro –me decían– que hubieran preferido a un mediocre en tu lugar, con tal de que se quedara callado, aunque no hiciera nada o se fuera de gira por ahí, como hicieron otros, no mediocres pero sí sumisos.

Balance

Mi breve gestión me produjo al principio la clásica "angustia del funcionario" al no poder cumplir con todas mis metas, es cierto, pero también disfruté -y disfruto aún- de grandes satisfacciones, como es, por ejemplo, el afectuoso recibimiento que me hacen los empleados y los artistas cada vez que voy al C.C.R.; son tantos los saludos y las personas que me rodean con calidez, que a veces no alcanzo a ver las muestras que deseo visitar.

El afecto desinteresado, la solidaridad entre la gente es para mí preferible a la belleza y al arte, si tuviera que elegir. La fraternidad es un alimento necesario del alma y es precisamente este invisible tejido entre los hombres lo que brilla por su ausencia en el modelo de sociedad que se nos propone desde el poder.

La ley salvaje del "mercado" y de los más poderosos, el consumo de objetos como fin supremo de la vida, en sus grandes templos, los Shopping Centers, conforman en la ciudad los circuitos de la ilusión. Recoleta, Patio Bullrich y Alto Palermo, junto a los bolsones de pobreza, desamparo, frustración e indiferencia, es la propuesta evidente de un gobierno al cual, por supuesto, no podría yo pertenecer jamás.

Cuando me echaron mi pena duró poco tiempo. Enseguida planeé mi falso telegrama a Salas, burlándome alegremente de él.

Pocos días después me surgió la idea de redactar estas Memorias y se lo propuse a Andrés Cascioli que aceptó de inmediato su publicación en capítulos. A juzgar por los comentarios y por las numerosas cartas recibidas -que ya no alcanzo a contestar en forma individual- estos apuntes fueron bien recibidos y conforman hoy este libro.

Pensándolo desde otro ángulo, podría imaginar que en realidad fui becado por el gobierno municipal, como periodista, para estudiar "desde un rol", y desde mi óptica particular, el funcionamiento de un microcosmos municipal.

Fueron sólo algunos pantallazos, es cierto, pero nos divertimos y reflexionamos juntos, los lectores y yo.

"Hay que convertir el revés en victoria", dicen los cubanos, y lo vienen logrando desde hace más de 30 años.

"Hay que encontrarle el chiste al bobo", dicen los venezolanos.

"La dificultad es una oportunidad disfrazada", digo yo, y en este caso convertí la frustración en estas Memorias de las cuales es éste el último capítulo.

Les digo entonces a mis lectores, fieles y no fieles seguidores de HUMOR, hasta siempre.

La vida continúa y, de todas maneras, es bella.

Fórm. Nº 3004

TELEGRAMA

Fecha	Importe
26-12-89	2370

Prefijo	Número origen	Giro
CZC	46	J3

Procedencia	Pbas	Día	Hora	Menc. de serv
	24			

Indicaciones de servicio

Destinatario: HORACIO SALAS

Domicilio: SECRETARIO DE CULTURA

Intercambio: MUNICIP. BS. AS. / Destino: CAP. FEDERAL

COMUNICADO Nº1

COMUNICOLE ME ENCUENTRO AUTOACUARTELADO EN ALGUN LUGAR CENTRO CULTURAL RECOLETA Y SOLO RESPONDO A MIS MANDOS NATURALES,

EL GENERAL HORACIO FONTOVA

LIVINGSTON

Respuesta de Fontova:

89A /30 1457
ZC RZ603 TFB699 044392
BA TF 35/32 30 1457 TF

e c A 3-1-90

RODOLFO LIVINGSTON
OHIGGINS 1849= 8/A
BAIRES

ESTIMADO MAYOR LIVINGSTON: ME HONRAN SU FIRMESA Y LEALTAD. TROPAS A MI CARGO VELAN POR SU INTEGRIDAD. NO LOGRARAN DOBLEGARNOS UN FUERTE ABRAZO

GENERAL HORACIO FONTOVA

L 1849= 8/A

El plan cultural para la Recoleta

El **Centro Cultural Recoleta** (ex Ciudad de Buenos Aires) dio a conocer ayer los lineamientos de su programación para 1990, en el marco de una comida informal, seguida por la actuación de **Fontova y sus Sobrinos**. Los anuncios fueron formulados por sus directores general y adjunto, arquitectos Rodolfo Livingston y Diana Saiegh, quienes se hallaban acompañados por varios de los asesores por áreas del Centro.

La reunión con la prensa tuvo lugar tras la presentación del libro Vernissage, de Hermenegildo Sábat, integrado por 25 originales en color y en blanco y negro, que se hallan expuestos desde la víspera y hasta el sábado 30 en la Sala 2.

Ámbito de participación

Los proyectos para el año próximo abarcan las **artes plásticas, arquitectura, música, fotografía, cine, vídeo, literatura, espectáculos para niños y para adultos, teatro, danza y expresiones alternativas**. **Livingston** explicó que **los artistas se expondrán a sí mismos junto con sus trabajos, completando así el hecho creador con la función didáctica y generando una atmósfera de encuentro con el público**.

Agregó el director que "**el Centro Cultural Recoleta** se propone **como un ámbito de encuentro, participación, debate y valoración de todo lo que constituye la cultura nacional, que sólo puede integrarse a lo universal en la medida en que esté enraizada en una profunda y auténtica identidad**".

La pintura argentina de los años 40 hasta la actualidad estará representada por la obra y la presencia de los creadores, quienes –junto con los asesores– también participarán en la elección de artistas desconocidos.

El área de la arquitectura tendrá un espacio mayor y mostrará un **material accesible a todos los vecinos**. Con el mismo carácter abierto, en el **Centro Cultural Recoleta** se han habilitado 700 m^2 de terrazas y los nuevos ámbitos del **Espacio-lectura**, la **Sala Vacía**, el **Espacio-Potrero** y otros lugares no convencionales.

Clarín, 12-1989

Página anterior: Falso telegrama enviado por el autor a H. S. como respuesta a su pedido de renuncia. El sello dice *"RUDOLPHE LIVINGSTON NOUVELLE CUISINE SAUVAGE"* y fue mandado a hacer por R. L. para colocar en un diploma que entregó a sus hijos, años antes, al finalizar un "Curso de cocina para adolescentes" que él mismo dictó.

MUNICIPALIDAD DE LA CIUDAD DE BUENOS AIRES

Señor Director General
del Centro Cultural
Ciudad de Bs. As.
S / D

Comunicamos a través de la presente, el beneplácito con que tomó esta Delegación Gremial la actitud tomada por esa Dirección General ante el intento de limitación a la Directora de Programación, Profesora Nelly Santoro.

Actitudes de esta naturaleza, desprovistas de verticalidad y soberbia, son las que nos van a ayudar para salir de la crisis en la que nos encontramos inmersos, y, proyectadas a la pequeña comunidad laboral que integramos harán posible que podamos dar lo mejor de nosotros para brindar al público que nos visita diariamente una propuesta cultural en la que se vean reflejados.

Sin otro comentario que realizar nos ponemos a su entera disposición para seguir trabajando, lo saluda afectuosamente.-

LA DELEGACION GREMIAL DEL CCCBA.-

Buenos Aires, julio 17 de 1989.-

Laura Guevara

Walter Santoro

Nestor Iglesias

Basail Vázquez

Joliszniak Jorge

Salas le pidió la renuncia a Livingston

–Rodolfo, te vamos a pedir la renuncia.

–Bueno, tendré que pensarlo.

–¿Cómo pensarlo? No te vas a atrincherar en tu puesto. ¿No?

El diálogo telefónico fue relatado a **Página/12** por el arquitecto Rodolfo Livingston, titular del Centro Cultural Recoleta, a quien el secretario de Cultura de la Municipalidad, Horacio Salas, le acaba de pedir la renuncia.

"Yo no me voy a ir hasta que no se expliquen públicamente los motivos para el pedido de renuncia –sostuvo Livingston–. Cuando me nombraron para ocupar el puesto se dijo públicamente que se me había elegido en atención a mi creatividad y mi entusiasmo. Si esas dos condiciones han desaparecido, sería oportuno que el secretario de Cultura se lo informara a los ciudadanos que, en definitiva, son quienes me pagan el sueldo." Aún asombrado por la actitud de Salas y sin acertar con las posibles causas del enfrentamiento, Livingston se lamentó por el hecho de que "esta situación se genere justo ahora, cuando acabo de presentar el plan para 1990 en el que están involucrados más de doscientos artistas. Ellos también tienen derecho a una explicación" enfatizó.

Consultado por **Página/12**, el secretario Horacio Salas admitió haberle pedido la dimisión a Livingston y señaló que los motivos serán dados a conocer públicamente. Por ahora explicó que hay **"incompatibilidad de caracteres** con el arquitecto Livingston".

Hasta el momento Livingston no ha presentado renuncia alguna, y Salas promete mantenerse firme en su decisión de que el arquitecto se aleje del Centro Recoleta. La polémica está abierta y el tiempo decidirá el final de la disputa.

Página/12, Martes 26 de diciembre de 1989

Salas lamenta la actitud

Livingston no quiere salir

EL CRONISTA, Domingo 31 de diciembre de 1989

Rodolfo Livingston no se calla nada

Sur, Sábado 27 de enero de 1990

TELEGRAMA

El telegrama llegó a la media tarde. La secretaria entró al despacho de Horacio Salas, secretario de Cultura de la Municipalidad, y no pudo contener una carcajada mientras bajaba la vista sobre el papel. Salas lo leyó dos veces, en silencio, y luego lo repitió en voz alta.

–Informo al secretario –decía el mensaje– que no entregaré mi renuncia y me encuentro autoacuartelado en mi despacho. Sólo respondo a las órdenes del general Fontova.*El arquitecto Rodolfo Livingston, ex director del Centro Cultural Ciudad de Buenos Aires, había encontrado una nueva forma de resistir a su renuncia.

Publicado en tapa de Página/12, 30-12-1989

CARTAS

Renuncia

Mi resistencia a renunciar, que mantuve durante 12 días, a irme rápidamente, callado y con la cabeza baja, como pretendía el secretario de Cultura, Horacio Salas, debe interpretarse como una denuncia de la mediocridad y el mercantilismo de este gobierno sin ideales, alejado del pueblo, de la belleza y de la ética.

La culminación de los hechos que condujeron a mi expulsión fue la enérgica denuncia que hice, junto a Pino Solanas y a 300 personalidades de la cultura, acerca de la enajenación por 30 años de Galerías Pacífico para convertirlas en un shopping center más, en manos del empresario Mario Falak y con el auspicio de Julio Bárbaro. Este último presionó inmediatamente a su protegido Horacio Salas, para sacarme del medio.

Con el fin de comprobar o descartar esta hipótesis, le pregunto al Sr. Horacio Salas para que conteste públicamente: ¿Apoya el proyecto Imaginario de América latina en Galerías Pacífico, que es autofinanciable en 5 años con la comercialización de la planta baja o acuerda con entregar el 75% de la manzana por 30 años para construir un shopping center? De confirmarse esto último, el que renuncia es él. El secretario de Cultura de la municipalidad renuncia a seguir defendiendo la cultura nacional, como ya renunció su colega, Julio Bárbaro. Que no diga el secretario que el tema Galerías Pacífico "no pertenece a su área" como dijo Bárbaro, hipócritamente. En el campo de la cultura nada "pertenece a otra repartición". Yo fui elegido funcionario de la cultura para defender y estimular toda la cultura nacional. Mi responsabilidad no termina en las paredes del Centro Cultural Recoleta.

La cultura no tiene medianeras y el ofrecimiento al cargo no incluía ninguna mordaza.

Yo no he cambiado mi discurso. Soy el mismo que siempre defendió el uso público del territorio nacional como parte esencial de la cultura. Salas sí cambió. Empezó prohibiéndome un homenaje a Nicolás Guillén, ante todos los directores de área como testigos, y pronto terminará como el poeta de los shoppings centers.

No me sorprende que el secretario considere "excéntrico" mi sentido del humor, como si existiera un humor "céntrico". El humor, como la libertad, no es para los mediocres, apesadumbrados y obsecuentes. Jamás podría Salas hacer suyas las palabras de Tomás Borge, publicadas en este mismo diario el último día de 1989: "Los artistas en nuestra Nicaragua son rebeldes y libres como los pájaros, tienen la conciencia al rojo vivo y aman las herejías y los misterios. Gustan de las fiestas del cuerpo y del alma, de los mitos y las raíces. Son soñadores. Ahí nos convencimos de que el hombre que no es capaz de soñar es un pobre diablo, y, por lo tanto, jamás puede ser un creador".

Rodolfo Livingston

Página/12, 9-01-1990

Relevo

Más allá de ser un frenético admirador de Pino Solanas y de haber sudado la gota gorda con los compases del general Fontova, me veo hoy en la obligación ética y moral de opinar sobre la total sinrazón del ex director del Centro Cultural Ciudad de Buenos Aires, cuando días atrás hizo pública una muy particular versión de las causas de su relevo. En principio, y como integrante del actual gobierno municipal, quiero rechazar los agravios de "mercantilismo, mediocridad y falta de ideales" conque se atreviera a calificarlo. Mucho menos acepto que a quienes llevamos muchos años de militancia en el distrito, con historias de persecuciones y sacrificios, se nos califique de "alejados del pueblo, de la belleza y de la ética". Y ya que el arquitecto denunciante parece querer erigirse en parámetro de lo popular, lo bello o lo ético, me voy a permitir dar otra versión de lo sucedido en el centro cultural durante su "reinado". Conviene hacer saber a los porteños que con el supuesto fin de "generar una empresa de servicios culturales para la comunidad", el ex director que nos ocupa autorizó a dos de sus colegas a iniciar una serie de obras para la instalación de un bar en el interior del complejo de la Recoleta. Al margen de que esa autorización no cumplió con las más elementales normas legales del municipio, la verdad es que si no hubiese sido por el celo de los funcionarios a los que él llama "mediocres", los arquitectos contratados hubieran destruido gran parte del edificio del Centro, declarado monumento histórico, con el solo fin de habilitar su "negocio alimenticio". No conforme con esto, los amigos del arquitecto denunciante de una supuesta falta de ética, hoy reclaman al intendente Carlos Grosso que apruebe la "obra" heredada y la continuidad del "negocio", bajo amenaza de iniciar acciones legales.

Mientras estas desprolijidades sucedían, sin su vedetismo y su egocentrismo digno de antiguos monarcas, muchos funcionarios del gobierno de la ciudad de Buenos Aires trabajaban prolija y silenciosamente para cambiar una historia que algunos quieren repetir. Puede ser, como dice el "denunciante" en una carta enviada hace unos días a ese diario, que con su reemplazo por la arquitecta Diana Saiegh, el Centro Cultural Ciudad de Buenos Aires, haya perdido "una personalidad de la cultura" (o un monarca que como aquél también creyó que "el Centro soy yo"), pero lo más gratificante es que se lo haya recuperado para toda la ciudad.

Carlos Ángel Galina
Procurador general adjunto
M.C.B.A.

Realidad

Ante la torpe acusación que me formula el señor Galina (Página/12, 19/1/90), consistente en haber autorizado a dos de mis "colegas" y "amigos" a instalar un bar ilegal dentro del Centro Cultural Recoleta, deseo aclarar que los hechos fueron los siguientes: 1) Los dos supuestos colegas no son tales y fraguaron su título ante mí, con el fin de gestionar un contrato, que jamás firmé, para instalar dicho bar. 2) Esta gestión fue impulsada, desde un principio, por la señora Sonia Passio, actual directora adjunta del Centro Cultural y amiga personal del señor Horacio Salas; ella fue quien me presentó como arquitectos a los impostores. 3) A las 12 horas de haber sido iniciadas las obras en forma clandestina y sin proyecto aprobado, ordené la inmediata suspensión de las mismas y convoqué a una asamblea general del personal, a la que no concurrió la señora Passio, a pesar de haber sido invitada por la delegación gremial y por mí. Tampoco asistió la actual directora general del Centro, señora Diana Saiegh, que por entonces era directora adjunta. 4) Estos falsos arquitectos no tienen la menor posibilidad de iniciar con éxito un juicio a la municipalidad por no contar su proceder con el más mínimo respaldo legal ni ético, siendo pasibles, además, de acciones legales en su contra.

Pongo como testigos de lo que digo a la totalidad de los empleados del Centro Cultural Recoleta, a la delegación gremial que los representa y al director administrativo, contador Armando Atis, y cuento con la documentación probatoria.

Como se ve, la realidad es diametralmente opuesta a la versión del pobre señor Galina, quien, a falta de cojones del señor Horacio Salas, fue enviado al frente para intentar reemplazar con una burda infamia, las razones que expuse públicamente y que motivaron mi expulsión del cargo.

Se pregunta Galina a qué me refiero cuando hablo de falta de ética en el gobierno municipal; él mismo fue, esta vez, el encargado de dar la respuesta.

Rodolfo Livingston

Página/12, Martes 23 de enero de 1990

CENTRO CULTURAL CIUDAD DE BUENOS AIRES

Síntesis de la propuesta

CONCEPTO CENTRAL

Este Centro Cultural es un edificio histórico, con patios y terrazas, ubicado en un parque.

Se comportará como un lugar de encuentro con la cultura nacional, entendida como ejercicio profundo de nuestra identidad. Lo universal se incorporará siempre desde nosotros, desde aquí, desde ahora. Un lugar de encuentro con la belleza, con la reflexión y el conocimiento en todas sus manifestaciones: música, fotografía, arquitectura (entendida como hábitat y no como edificios aislados de la vida), pintura, artesanía, danza, teatro y otros modelos nuevos de creación cultural que surjan de las propuestas del público y de los artistas.

También se estimulará el conocimiento de las plantas y de los animales que conviven con nosotros en la ciudad.

Estos encuentros serán participativos, es decir, los artistas se expondrán a sí mismos, junto con sus obras, trabajando junto a la gente o explicando sus trabajos. Arquitectos y vecinos que muestren sus proyectos y sus logros en la transformación del hábitat: padres que recuperen la olvidada artesanía de fabricar barriletes con sus hijos; mesas redondas; cursos, y talleres para todas las generaciones.

Se estimulará la creación de un clima de participación y de alegría, distinto a la simple exhibición de obras abandonadas por sus autores, como suele ocurrir en los museos.

PROGRAMACIÓN

Se intentará conciliar la exigencia de la calidad con el espíritu, abierto a nuevas propuestas de autores inéditos.

Estamos completando un equipo de coordinadores en todas las áreas, quienes se reúnen con los artistas y entre sí para generar nuevas ideas.

Algunos proyectos nuevos son los siguientes:

1) En el mes de junio de 1990, dedicación de todas las salas al arte latinoamericano para fomentar el conocimiento entre los países del continente.
2) Los barrios en el Centro Cultural.
3) Las comunidades a través de la música. Los domingos, bandas en los patios.
4) Teatro experimental en espacios abiertos.
5) Exposiciones de trabajos de alumnos, seleccionados por ellos mismos (Bellas Artes, Fotografía, etc.).
6) Recitales de poesía argentina y latinoamericana.
7) Los negros en el Río de la Plata.
8) Salón de rechazados, y elección del "rechazado del año".
9) Artistas argentinos residentes en el extranjero.
10) Cine y vídeo al aire libre.
11) Los gremios en el Centro Cultural.
12) Cursos varios: educación sexual; arquitectura y ciudad; bandas musicales infantiles; comunicación; escultura, etc.
13) Espacio de lectura y relajación (libros y revistas, lecturas en grupo).
14) Se habilitarán más espacios para las muestras de fotografía y de arquitectura.

Actividades existentes que se mantendrán: la familia en el Centro; danza en espacios no convencionales; ciclo de jazz; música electroacústica; cine argentino; música de cámara; huerta familiar; actividades infantiles; títeres, etcétera.

EL EDIFICIO

El edificio, sus patios y su entorno inmediato son un instrumento que estimula o dificulta los encuentros culturales, según como se organice. Se comporta como una membrana reguladora de estos encuentros entre la gente y la cultura, y también entre la gente y el edificio mismo, pues éste es una parte importante de la memoria colectiva de la Ciudad de Buenos Aires.

En síntesis, y con respecto a este punto, lo que hacemos es comunicar todo lo que erróneamente estaba incomunicado.

Éstas son algunas de las propuestas: en buena parte *ya ejecutadas:*

1) Habilitación de 500 m^2 de terrazas, que estaban clausuradas.
2) Abrir vanos tapiados en los pasillos que dan a los patios. Despintar vidrios.
3) Pintar de a poco, incorporando más color.
4) Abrir perimetralmente los pisos de los patios para que crezcan enredaderas criollas que den vida a los fríos paredones.
5) Habilitar bares, con mesas para compartir entre desconocidos, quienes deberán presentarse entre sí.
6) Señalización completa del edificio y patios.
7) Habilitar baños y cocina hasta hoy usados como depósito.
8) Habilitar nuevos patios, sin presupuesto, como "espacio potrero", donde jueguen los chicos sin programación ni coordinación.
9) Habilitar edificios semiderruidos, precisamente como ruinas, muy adecuados para actividades en época de verano, otoño y primavera.
10) Estacionamiento de bicicletas.
11) Quitar valla perimetral de chapa, incorporando centenares de metros cuadrados a Palermo y mejorando la estética del lugar.
12) Quitar toldos de la calle interior (Patio de los tilos), recuperando la visión del cielo.
13) Reorganización del hall de entrada, incorporando bancos para sentarse, carteleras informativas, guardarropa y bar.

PERSONAL Y ORGANIZACIÓN

Nuestra intención consiste en lograr que el personal se comporte más como dueños de casa, desacartonados, eficientes y al servido del público, que como meros empleados. También queremos que se sientan más estimulados y felices. Para lograrlo proponemos:

1) Fomentar la participación horizontal y "de abajo hacia arriba" mediante reuniones y asambleas generales.

2) Presencia de los delegados gremiales en las reuniones. Cogestión.
3) Cursos a los "ex controles de sala" y actuales "anfitriones" sobre arte y comunicación.
4) Grupos de movilización corporal, autogestionados, fuera del horario de trabajo, para el personal.
5) Guardería para los hijos de los empleados.
6) Incorporación de psicólogos sociales, sin autoridad ejecutiva ni cobro de haberes, para mejorar las relaciones interpersonales.
7) Incorporación de la Fundación y Asociación Amigos del Centro Cultural.
8) Buzón de quejas y sugerencias, y respuesta en cartelera a las mismas.
9) Traspaso de personal de los días hábiles a los feriados, en los cuales se centuplica el público. Hasta hace poco, los domingos se contaba con cuatro personas para atender 14.000 visitantes.
10) Cambio del actual nombre C.C.C.B.A. (es obvio, demasiado largo y reiterativo), por "Centro Cultural Recoleta", que es el nombre por el cual lo reconoce la mayoría de la gente.

Buenos Aires, 15 de septiembre de 1989

ARQ. RODOLFO LIVINGSTON
DIRECTOR GENERAL

Esta síntesis de la programación fue presentada al secretario de Cultura sin obtener del mismo respuesta ni comentario alguno, pese a que le fue solicitada su opinión reiteradamente.

ESPACIO-CIUDAD

Asesores: arquitecto Juan Molina y Vedia y arquitecta Alicia Santaló

OBJETIVOS

Este lugar está concebido como espacio de *encuentro con la ciudad en la que vivimos, con nuestro barrio, con nuestra historia,* en síntesis, con nuestra *identidad.* Para conseguir ese objetivo se programarán expoencuentros para la *crítica y el debate entre vecinos, arquitectos, planificadores y artistas.*

Se tenderá a *recuperar la memoria colectiva de la ciudad,* de sus barrios y de las transformaciones que, a lo largo del tiempo van dejando unas huellas y borrando otras, intentando *que la modernidad no signifique la destrucción y el olvido.*

EXPOENCUENTROS

Se organizarán en la sala 10, con una duración de 4 semanas, y en la sala 11, durante 2 semanas.

CONVOCATORIA DE EXPOSITORES

A- Dirigidas a instituciones, grupos, individuos, invitados especiales, convocados por los coordinadores sobre una temática específica.

B- Llamados abiertos con bases y selección por jurados.

C- Propuestas libres.

EXPOSICIONES MENSUALES

Incluirán un encuentro, el último viernes de cada mes, con panel de invitados, fotos, vídeos e intercambio con el público.

Marzo

"Buenos Aires tiene río"

- La Boca - Barracas

- Costanera Sur
- Costanera Norte
- Vicente López

Responsable de la muestra: Arq. Guillermo Linares.

Panel: Arq. Rodolfo Livingston, concejal Mario Maini, Arq. Federico Faivre.

Abril

"Sevilla"

Mayo

Berecterbide

Junio

"La identidad latinoamericana"

La obra de Christian Boza, Juvenal Barraco, Enrique Brown, Mariano Arana, F. Vivas (Director Revista Trama), López Rangel, Talando Moya Zasquer.

Responsables: Arq. Alfredo Rezoagli, Arq. Silvana.

Julio

"San Telmo, un barrio para vivir"

- Propuestas de rehabilitación del barrio
- Los eventos
- La cultura

Responsables de la muestra: Arq. Alicia Santaló, Arq. Irene Joselevich.

Panel: Arq. Peña, Arq. Liliana Aslan, Arq. Ramón Gutiérrez, Arq. Giesso, Arq. Ana Puviol, Arq. Néstor Jeifez.

Agosto

"Buenos Aires es una ciudad de barrios"

- Boca - Barracas
- Mataderos
- Urquiza
- Palermo
- Belgrano

La historia, su arquitectura, su gente.
Responsables: Arq. Alicia Santaló, Arq. Alfredo Rezoagli, Arq. Diego Garay, Arq. Graciela Novoa.
Panel: Arq. Juan Molina y Vedia, Señor Domingo De Maio, Dr. Néstor Poggiese.

Septiembre

"La identidad de la arquitectura de Buenos Aires"

- Arq. Roberto Frangella
- Arq. Puppo
- Arq. Caveri
- Arq. Jorge Moscato
- Arq. Mario Roberto Álvarez
- Arq. Justo Solsona
- Arq. Clorindo Testa

Responsables: Arq. Rafael Reboagli, Arq. Daniel Betti, Arq. Jaime Sorín, Arq. Jorge Ponce.
Panel: Arq. Juan Molina y Vedia, Arq. Alberto Petrina, Arq. Pelli, Arq. Carli, Arq. Jorge Moscato, Arq. Pablo Sorondo, Arq. Daniel Sylberberg.

Octubre

"Las obras ganadas por concurso, 10 años después"
Responsable: Rolly Schere.

Noviembre

"Los jóvenes también producen"
Responsables: Arq. Yanko Kuraja, Arq. Daniel Goubinsky.

Diciembre

"La plástica en la ciudad"
Responsable: Omar Estela.
Panel: Arq. Ramos, Arq. R. Frangella, Arq. Cedrón, Arq. Clorindo Testa.

EXPOSICIONES QUINCENALES

Como continuidad del Espacio Ciudad, estas exposiciones se realizarán durante todos los meses del año; y los debates tendrán lugar el 2° y 4° viernes de cada mes.

1- *El espacio público y la comunicación. La publicidad.*
Resp.: Carlos Macchi
2- *Las barreras arquitectónicas.*
Resp.: Rubén Santurián
3- *La arquitectura de los años 40.*
Resp.: Jaime Sorín
4- *La Avenida General Paz.*
Resp.: Jaime Sorín
5- *Las autopistas de Buenos Aires.*
Resp.: Arq. Juan Molina y Vedia
6- *Las cátedras de la F.A.U.*
Panel: Manuel Borthagaray, Arq. Javier Sánchez Gómez, Arq. Juan Molina y Vedia, Arq. Jorge Moscato, Arq. Sorondo.
7- *Premio Anual de Arquitectura.*
Resp.: Arq. Rolly Schere
8- *Arquitecturas regionales.*
Resp.: Arq. Juan Molina y Vedia
9- *Las casas de los porteños por dentro.*
Resp.: Arq. Rodolfo Livingston
10- *El jardín - El parque.*
El patio - El patio urbano
11- *La construcción - Los oficios - Los gremios.*
12- *Las autopistas.*

Título: Andalucía / América. Arte y Arquitectura.
Fecha de inauguración: miércoles 4 de abril de 1990.
Fecha de cierre: domingo 29 de abril de 1990.

Nómina de las exposiciones

España

- Cien edificios en Sevilla

- Treinta años de arquitectura en España
- Obras de restauración en España
- Pintura andaluza
- La obra de Forestier
- Tradiciones hispánicas en la arquitectura y el urbanismo de los Estados Unidos

México
- La obra de Luis Barragán
- Preservación del patrimonio arquitectónico
- Arquitectura en México
- Exvotos mexicanos de los siglos XVIII a XX

Caribe
- Fortificaciones del Caribe
- El patrimonio arquitectónico de La Habana Vieja
- Arquitectura vernácula del Caribe
- Arquitectura y revolución en Cuba

Colombia
- Arquitectura en Colombia

ARTES PLÁSTICAS

Asesores: Mercedes Casanegra, Jesús Marcos y Ricardo Lahan

Teniendo en cuenta que el Centro Cultural Recoleta es una entidad que puede funcionar, en algunos casos, como guía o parámetro del movimiento cultural contemporáneo, se pondrá énfasis especial en el carácter educador y didáctico del Área de Artes Plásticas.

Uno de los criterios básicos será la aceptación de un *pluralismo de tendencias,* sin enfatizar ninguna en particular, aunque teniendo en cuenta el nivel de calidad de las propuestas.

El mismo *pluralismo estará presente en la variedad de disciplinas a cubrir: dibujo, pintura, grabado, escultura, ambientaciones.*

El Área se concentrará especialmente en manifestaciones contemporáneas, tomando para esta categorización y como punto de partida, la década del '40, cuyos artistas están aún en actividad.

Lo contemporáneo supone también lo participativo, por lo que se procurará la interacción del artista con el público.

ACTIVIDADES PREVISTAS

Marzo

"Arte sobre papel"

Exposición que tendrá por fin acercar al Centro a artistas de trayectoria que se apartaron en los últimos tiempos.

Abril a Junio

Período reservado para las exposiciones multidisciplinarias de *"Sevilla" y "Latinoamérica".*

Agosto

Resumen de los artistas sobresalientes de la generación del '80, ante la finalización de la década. Abarcará pintura, escultura, dibujo, grabado y otras experiencias.

Colaborarán en la selección directores de museo y críticos de arte.

Noviembre

Séptimas jornadas del Color y de la Forma

Uno de los espacios participativos que más resonancias tuvo en las ediciones anteriores, con aportes y proyecciones renovados.

OTRAS MUESTRAS

*Altern*ando con las muestras anteriores y ocupando las salas 1 ó 2, según su importancia, se realizarán:

- 8 exposiciones de *artistas jóvenes* (pintura y dibujo).
- 4 exposiciones de *arte popular* (filigrana, tapices, cerámica, etc.).
- 6 exposiciones de *arte experimental* (ambientaciones, etc.).

- 6 exposiciones de *artistas de la generación intermedia.*
- 4 exposiciones de *artistas consagrados* (15 ó 20 años de labor).
- 2 exposiciones *grupales de grabado.*
- 1 exposición *grupal sobre papel realizado a mano.*
- 2 exposiciones *grupales de escultura.*
- 4 exposiciones *grupales de pintura.*

ÁREA CINE

Asesores: Grupo CEPIA, del C.C.R.

FUNDAMENTACIÓN Y OBJETIVOS

A partir de 1988, el grupo CEPIA (Centro de Experimentación, Producción e Investigación Audiovisual) abrió un nuevo espacio en el Centro Cultural Recoleta dedicado a la proyección de cine en 35 mm, al aire libre. Durante 1989 se continuó con la actividad y se ha previsto hacerlo también durante 1990, otorgando *mayor trascendencia al cine argentino así como al que se encuentra más marginado de los circuitos comerciales, como el cortometraje y el documental.*

CICLO "CINE COMO EN LOS '20"

La experiencia comenzó durante 1989, tomando como punto de partida la película muda "El gabinete del Dr. Caligari", film paradigmático del expresionismo alemán. *Se montó un show con la colaboración exclusiva de personal del Centro, tanto en la composición de música original como en la interpretación, que permitió sonorizar en vivo dicha película*, tal como se hacía en los años '20, antes del cine sonoro. Este ciclo continuará en 1990 durante el período invernal, ya que está concebido para una sala de proyecciones cerrada.

CICLO DE VÍDEO EN PANTALLA GIGANTE

El espacio del vídeo no existe en forma orgánica en el Centro y se pretende organizarlo a partir de 1990, ya que representa una posibilidad para realizadores noveles o sin canales de difusión, así como para exhibir cine inédito en el país y, en el futuro, para las producciones que lleve a cabo el grupo CEPIA, como el vídeo sobre Antonio Berni que se encuentra en etapa de preproducción.

También se tenderá a lograr un *intercambio latinoamericano en este tipo de producciones con una intención equivalente a la que anima el proyecto T.V. Viva, en Brasil.*

CICLO "CINE AL AIRE LIBRE"

Lugar: Patio de la Fuente
Días: viernes, sábados y domingos
Hora: 22.00
Films en 35 mm. organizados en:

- *Cine argentino:* "Asesinato en el Senado de la Nación" de J.J. Jusid.
  "Tiempo de revancha" de A. Aristarain.
  "Los siete locos" de L.T. Nilsson.
  "Crónica de un niño solo" de Leonardo Favio.
  "Nazareno, Cruz y el lobo" de Leonardo Favio, etc.
- *Cine internacional:* "Kagemusha, la sombra del guerrero" de A. Kurosawa.
  "Terciopelo azul" de D. Lynch.
  "Pixote, la ley del más débil" de H. Babenco.
  "Los marginados" de F.F. Coppola, etc.
- *Cortometrajes:* "Un día de filmación" de A. Chab, etc.
- *Audiovisuales:* "Luis Felipe Noé, fragmentos de un paisaje"
  "Objeto del objeto", etc.

CICLO DE VÍDEO

Lugar: Auditorium

- Musicales: "Festival Mar del Jazz 88-89"
  Videoclips nacionales como "Sumo", "Charly García", "Fito Páez", "Soda Stereo", "Virus", "Zimbabwe Reggae Band", "La Portuaria", etc.

"Home of the Brave" de L. Anderson.
"King Crimson en vivo".

CINE INÉDITO EN LA ARGENTINA

"Eraserhead" de David Lynch (en inglés, sin subtítulos).
"One From the Heart" de F.F. Coppola (inglés, sin subtítulos).

CICLO CINE COMO EN LOS '20

Continuación de la experiencia con películas mudas musicalizadas en vivo, con títulos tales como:

- "El gabinete del Dr. Caligari".
- "Nosferatu, el vampiro".
- "El nacimiento de una nación".
- Films de Buster Keaton (a determinar).
- Otras producciones.

FOTOESPACIO

Asesor: Eduardo Gil

FUNDAMENTACIÓN Y OBJETIVOS

FotoEspacio es la galería fotográfica permanente del Centro Cultural Recoleta creada hace 4 años y tiene como propósito fundamental difundir y jerarquizar la fotografía como medio de expresión.

Entre sus prioridades está el apoyo a los *jóvenes fotógrafos de Buenos Aires* y *del interior, cuyas posibilidades de dar a conocer su producción suele ser especialmente difícil.* También se tenderá a exhibir la obra de importantes fotógrafos argentinos y latinoamericanos y a apoyar y *divulgar los trabajos de investigación, rescate* y *preservación de fotografías antiguas.*

Todas las muestras de FotoEspacio se complementarán con charlas de los autores, visitas guiadas, mesas redondas y seminarios.

El espacio destinado será aumentado a partir de este año en un 200% y pasará a planta baja.

MUESTRAS PROGRAMADAS

Marzo

- Exposición colectiva de importantes fotógrafos argentinos inaugurando la nueva sala de planta baja.

Abril

- Carlos Pérez. Primera muestra individual de un fotógrafo joven y promisorio de Buenos Aires.

Mayo

- Pinhole. Muestra por invitación a un grupo de autores destacados para que trabajen con cámaras no convencionales (cajas de zapatos, latas, etc.) produciendo imágenes estenopeicas.

Junio

- Marcos Zimerman. Muestra individual de este destacado fotógrafo argentino.

Noviembre

- Fotografías de José La Vía. Se trata de *uno de los últimos fotógrafos rescatados del olvido en la provincia de San Luis.* Italiano de nacimiento, se radicó a fines del siglo pasado en esa provincia y su trabajo es de gran importancia estética y documental.

MUESTRAS POR CONVOCATORIA ABIERTA Y COMITÉ EDITOR

- *"Las fotos del viaje"* - Fotografías de vacaciones: ¿clisé, lugar común o algo más?
- *"Haceme clic"* - El Centro Cultural Recoleta te pide que lo fotografíes.
- *"El álbum de la abuela"* - Exposición de fotografías rescatadas de los álbumes familiares. Rescate y conciencia del valor del patrimonio iconográfico doméstico.
- *"Puaj"* - Fotografías que denuncian la creciente degradación del medio ambiente y la calidad de vida.
- *"La nueva mirada III" - Se vienen los '90.*

Invitación a todos los fotógrafos jóvenes, sin límite de edad, para que traigan su material sobre el tema de la convocatoria.

ÁREA MÚSICA

Asesores: Luis Borda, Carlos Simkin, Néstor Astarita, Radar García y Susana Agrest

CICLOS PROGRAMADOS

ESPACIO ROCK

Ciclo destinado a grupos de rock amateurs de todas las tendencias, que se realizará durante los meses de verano, al aire libre, frente a la feria artesanal y en coproducción con el Centro de Divulgación Musical.

Días propuestos: sábados a partir de las 18 horas.

SOLOPIANO

Una presentación semanal a cargo de solistas de diferentes géneros, en el salón Auditorium.

GRUPOS DE CÁMARA

Una presentación semanal de grupos de cámara populares o clásicos, en el salón Auditorium.

FUSIÓN Y NUEVAS TENDENCIAS

Una presentación semanal de grupos de proyección jazzística, rockera, tanguera, folklórica, etc. En el Auditorium o al aire libre.

PROPUESTAS INTERDISCIPLINARIAS

- *Exposiciones fotográficas*

  Fotografías de músicos -en estudio o en vivo- de los diferentes géneros, ilustradas con música grabada o en vivo.

- *Exposiciones de afiches*

  Relacionadas con la música o tapas de discos (incluyendo originales).

- *Clínicas de músicos y talleres*

  De piano, percusión, guitarra, vientos, técnicas digitales y de producción (discográfica y de espectáculos), etcétera.

- *Talleres de música para películas, teatro, etcétera.*
- *Semana de la música*

  Conciertos, clínicas, charlas, talleres, música de colectividades, etc. a realizarse en la semana del 22 de noviembre.

CICLO DE MÚSICA DE CÁMARA

Asesora: Susana Agrest

El '90 será su 6° año consecutivo, realizándose de abril a noviembre.

Este ciclo tiene el propósito de llevar la música de cámara a todo el público amante de ella.

Además de abrir un espacio para los músicos argentinos de alto nivel, también tiene como objetivo el intercambio con músicos latinoamericanos dedicados a este género, y dar oportunidad de actuar en esta Capital a grupos del interior del país, así como también a noveles artistas, para los cuales hay un ciclo especial "Conciertos de primavera" (agosto, septiembre y octubre) el cual está aún sin programar.

Entre otras obras importantes, se interpretarán durante el ciclo:

- Cuarteto para cuerdas de Juan José Castro
- Quinteto con piano de Schubert "La Trucha"
- Quinteto para piano de Brahms
- Piezas para cuartetos de Stravinsky
- Cuarteto de Debussy

CONCIERTOS DE MÚSICA DE CÁMARA

Abril

- Solistas de la Camerata Bariloche con Susana Agrest

Mayo

- Grupo Telemann

Junio

- Fernando Hasaj (violín), Susana Agrest (piano)

Julio

- Trío de la Fundación San Telmo

Agosto

- Roberto García (clarinete) Uruguay Tomás Tichauer (viola) - Roberto Zapata (violoncello) - Susana Agrest (piano)

Setiembre

- Cuarteto Buenos Aires - Raquel Boldorini (piano) Uruguay

Octubre

- Trío de Paraná

Noviembre

- Cuarteto Argentino con Susana Agrest

PROGRAMAS ESPECIALES

Asesores: Rodolfo Livingston y Mariela Pruss

LAS COMUNIDADES EN EL CENTRO

Desde diciembre de 1989 y con el propósito de continuarlo durante 1990, se está concretando este programa. Para ello, invitamos a los conjuntos folklóricos de las comunidades europeas cuyas corrientes inmigratorias aportaron a la formación de nuestra nacionalidad. Incluiremos también a las comunidades originarias de América, como mapuches, quechuas y otras.

Los domingos, estos conjuntos alegran e instruyen a los visitantes sobre la tradición musical, vestimenta y danzas de nuestros ancestros.

ESPACIO POTRERO

Por falta de presupuesto existen varios patios clausurados dentro del edificio. Hemos decidido convertir este inconveniente en ventajas y habilitar un espacio *sin programación* y sin que *esté terminado* en el sentido ortodoxo del término, que ofrecerá al público y en especial a los chicos una propuesta de uso que ellos mismos terminarán de definir. Un espacio similar al tradicional potrero que figura en la memoria de todos los porteños de más de 40 años y que se ha perdido en la vorágine de cemento de la ciudad actual.

Los hechos futuros nos informarán acerca de la evolución de este espacio que, como se dijo, *no será programado.*

SALA VACÍA

Con el mismo criterio que el de Espacio Potrero (que es un patio), se mantendrá una Sala Vacía en la planta alta, sin programar. En este sentido, ya se han producido experiencias espontáneas de gran interés entre el público, como juegos acústicos y musicales, con eco y otras experiencias en las que intervienen en particular los niños y los adolescentes.

Dentro de una vida excesivamente programada como la que ocurre en las ciudades, esta *apertura hacia lo inconcluso* se percibe como una necesidad sin resultados previsibles. Como un campo abierto hacia la creación que actuará en lo espacial de manera similar a lo que sucede con el intervalo o el silencio en el curso del tiempo.

OTROS PROGRAMAS

- Exposición de personajes históricos realizados en cera con una técnica muy refinada a cargo de la Dra. Dora Larsen, profesora argentina con gran experiencia en el tema. Cabe hacer notar que no existen museos de cera en la Argentina.
- Conferencias y cursos sobre temas no desarrollados en los medios masivos y de interés general.
- Acontecimientos especiales solicitados por la Secretaría de Cultura, para los cuales se mantendrá un porcentaje de espacios no programados, a fin de atender ese tipo de necesidades.

DEPARTAMENTO DE MÚSICA, SONIDO E IMAGEN

Asesor: Francisco Kröpfl

CICLOS DE MÚSICA ELECTROACÚSTICA

- La música electroacústica *en Latinoamérica.*
- La música electroacústica *en el mundo.*

Ambos ciclos se extenderán desde abril hasta la primera semana de diciembre, a razón de dos conciertos mensuales, el primer y el tercer miércoles de cada mes, según la siguiente agenda:

Abril

Obras de compositores *argentinos residentes en el exterior,* como Mario Davidovsky, Eduardo Kusnir, Alejandro Viñao, Ricardo Mandolini, Horacio Vaggiones y Ricardo Nillni, entre otros.

Mayo

Obras premiadas en el último Concurso Internacional de Música Electroacústica de Bourges (Francia). Se contará con versiones grabadas en compact-disc.

Junio

Ciclo de compositores latinoamericanos, integrado al proyecto multidisciplinario del Centro que se realizará ese mes.

Julio

Está prevista *la visita del compositor alemán Hans Ulrich Humpert, director del primer laboratorio de música electrónica del mundo, en Radio Colonia (Alemania).* En colaboración con el Instituto Goethe se organizará un curso y un concierto a cargo de ese artista.

También se realizarán audiciones con obras de compositores canadienses y holandeses.

Agosto

Obras realizadas en Estados Unidos con los últimos avances en la *música por computadoras,* obtenidos en las universidades de Stanford y San Diego.

Septiembre

Semana de los Medios y la Música Electroacústica (Sexta Reunión Nacional, en esta oportunidad el encuentro estará orientado hacia la *música mixta (simultaneidad de uno o más instrumentos tradicionales en vivo y cinta).*

Octubre y noviembre

Conciertos con diálogo entre grupos jóvenes de *improvisación combinando instrumentos acústicos con materiales electrónicos y conciertos de música electroacústica en vivo.*

Diciembre

Cierre del ciclo con la presentación de las obras realizadas durante el año en el Laboratorio del Centro.

CICLO "DOCE CREADORES DE LA MÚSICA ARGENTINA CONTEMPORÁNEA"

El compositor participará en cada caso exponiéndose junto con sus obras y participando en el diálogo con el público.

CICLO "INTÉRPRETES ARGENTINOS DE MÚSICA CONTEMPORÁNEA"

Se propone para este ciclo los días viernes de abril a junio.

CICLO DE CONCIERTOS DIDÁCTICOS

Tres conciertos con ensayo público de las obras y explicación sobre aspectos estéticos y técnicos a cargo del Maestro Carmelo Saitta.

PROPUESTAS MULTIDISCIPLINARIAS

- En coincidencia con la muestra de *artistas plásticos de la década del '40, se realizará una exposición-concierto que refleje la vanguardia musical en la Argentina que encabeza Juan Carlos Paz. Relación con el movimiento "madi" y concreto (Kósice, Maldonado).*

- *Experiencias de interconexión entre fusión musical, poesía, teatro, danza, etcétera.*
- *Experiencias con instrumentos autóctonos en música contemporánea.*

PARA LOS CHICOS DE TODAS PARTES

Asesoras: Graciela González y Diana Tessari

FUNDAMENTACIÓN Y OBJETIVOS

La tarea tiene por objeto incluir a los chicos y sus familias con vistas a una participación activa en trabajos y juegos que permitan explorar materiales e ideas, disfrutar espectáculos y expresarse a través de la plástica, la música, la danza, el trabajo corporal, los títeres, el teatro, la literatura y los juegos. Desde los que jugaban los abuelos hasta los que juegan los chicos de otros países.

La actividad estará organizada en varios niveles: a) *actividades durante la semana* en horario extraescolar; b) actividades de taller los *sábados y domingos* en los patios si el tiempo es bueno o en salas si hace frío o llueve; c) funciones en el auditorio los sábados y domingos; d) charlas mensuales con padres y madres sobre temas referidos a los chicos, la pareja y la familia.

PROGRAMACIÓN

Enero y febrero

"A jugar en vacaciones"

- Talleres integrados de arte y actividades recreativas.

Marzo

"A jugar se ha dicho"

- *Armamos juguetes y nos ponemos a jugar.*

- *Construcción de barriletes. A remontarlos en la plaza.*
- *Construcción de balero, práctica y concurso.*
- Rayuela, ta-te-ti, elástico, soga, dinenti.
- Pistas y autos.
- *Zancos.*

"Taller de plástica Manos a la obra".

Cine infantil y espectáculos en el Auditorium.

Abril

"A jugar se ha dicho"

- *¿A qué jugaban nuestros abuelos? Cada fin de semana vendrá un abuelo a contar y coordinar juegos con los chicos.*
- Taller de plástica "Manos a la obra".
- Espectáculos en el Auditorium.

Mayo

"A jugar se ha dicho"

- *Juegos con objetos* (inflables, papeles, sogas, cajas, etcétera.)
- Taller de plástica "Manos a la obra".
- Espectáculos en el Auditorium.

Junio y julio

América latina: costumbres, comidas, arte, artesanías.

- *"Los juegos que jugamos en América latina" (Cada fin de semana se invitará a representantes de un país.)*
- Taller de plástica "Manos a la obra" - Los chicos y el arte latinoamericano.
- Espectáculos latinoamericanos en el Auditorium.

Agosto

"El túnel del tiempo en la historia del arte"

Experiencia participativa de integración plástica, teatral, histórica, musical y de efectos especiales. El recorrido realizado por el hombre a través del tiempo en el arte, entendido como forma de expresar y comunicar la vida de los pueblos.

- Espectáculos en el Auditorium.

Septiembre

"Los títeres se vienen con todo"

- Espectáculos y talleres de construcción de títeres, escenografía, etc.
- *Taller de montaje de obras y muñecos hechos por chicos.*

Octubre

- El Movimiento Argentino de Educación por el Arte (MAEPA) en el Centro.
  Talleres, espectáculos, conferencias, experiencias participativas.

Noviembre

"Espiando el circo"

- *Talleres de malabarismo, acrobacia, clown, zancos, etcétera.*
- Espectáculos en el Auditorium.

Diciembre

- Comparsa, candombe y murga.
- Rondas y danzas para las fiestas.
- Talleres y espectáculos en el Auditorium.

ESPACIO ECOLÓGICO

Asesor: Arq. Juan Carlos Freire

ACTIVIDADES

En el Auditorium

- Proyección de películas y audiovisuales con invitados especiales y debate con el público.
- Conferencias y debates sobre "Política y medio ambiente", "Educación y medio ambiente" y "Recitales de música".

En Sala de Exposición Permanente

- "Flora y fauna en la Argentina", vista por artistas plásticos e ilustradores. Artistas plásticos invitados: Nicolás García Uriburu,

Luis Felipe Noé, Josefina Robirosa, Akel Amuchástegui, Luis Benedit, Alfredo Portillos, Ernesto Pesce y otros.

Ilustradores invitados: Darío Izurieta, Chiappe, Anders Andström, Claudio Bertonatti y jóvenes ilustradores.

- *"Buenos Aires verde"* versus "Buenos Aires gris". Fotografías.
- "Ecografismos". La contaminación ambiental.
- *"La ecología en la acción".* Programa MAB de la UNESCO.
- *"Las aves de la Reserva Ecológica de la Costanera Sur". Fotografías por la Asociación Ornitológica del Plata.*
- *"El medio ambiente en las culturas precolombinas".*
- *"El medio ambiente y los humoristas". Invitados: Hermenegildo Sábat, Quino, Fortín y otros.*
- *"Tecnologías alternativas" (eólica, solar, biodigestor, etcétera).*
- *"El medio ambiente en barrios de Buenos Aires". Relevamiento a través de consejos vecinales.*
- *"Cómo hacer su propia huerta". Huertas comunitarias y huertas en pequeños espacios como balcones, patios, etcétera.*
- *"Encuentro Holístico Planetario".*
- *"Cartelera informativa".*

En espacios exteriores del Centro Cultural

- Juegos de educación ambiental a cargo de la Fundación Vida Silvestre.
- Taller de alimentación: historia, significado y elaboración del pan casero a cargo de la Fundación Libre.

En el parque cultivable

- Huerta de cultivos orgánicos abierta a visitas guiadas a colegios y público.

Convocatoria de los martes

- Se realiza a partir de las 18, los días martes y está abierta a inquietudes de vecinos, especialistas e instituciones.

Biblioteca pública

- Funcionará en el sector de la sala Espacio Lectura.

Desarrollo del proyecto de Espacio Ecológico

- Contiene la realización de los planes definitivos y especificaciones de construcción del espacio físico.

Realización del espacio físico

- Gestiones ante empresas, organismos nacionales e internacionales para la provisión de materiales y elementos técnicos.

ÁREA TEATRO

Asesores: Miguel Pittier y Carlos Rizzo Patrón

OBJETIVOS

Aprovecharemos los espacios característicos que tiene el Centro, adecuados para propuestas teatrales no convencionales. Lo teatral será abordado tanto desde la realización de puestas en escena como desde la investigación y la reflexión.

PROGRAMACIÓN

Ciclos de investigación

Se propondrán ciclos coordinados por teóricos y personas vinculadas al quehacer teatral para profundizar acerca de distintos temas como actuación, dirección, dramaturgia, etcétera.

Se procurará la participación de teatristas, tanto como de público y críticos.

Las ponencias, debates y conclusiones se publicarán, a fin de conservar un registro de la actividad.

Encuentros interdisciplinarios

Se intentará integrar creativamente a especialistas habitualmente vinculados al teatro, como directores, actores, dramaturgos, escenógrafos, con profesionales de otras áreas, como música, vídeo, danza, escultura, arquitectura, fotografía, historieta, etcétera. Los ejes sobre los que se desarrollarán estos encuentros serán la investigación, la participación, la comunicación, el debate, el encuentro, el rescate y la estimulación de valores culturales.

Propuestas escénicas y teóricas

- Recuperación y mantenimiento de la tradición teatral argentina.
- *Sainete, circo criollo, revista.*
- *Charlas* y *debates sobre esos géneros.*
- *Teatro latinoamericano en el Centro (junio y julio).*
- *Ciclos de verano al aire libre con programación de espectáculos al caer el sol.*
- Ciclos de ensayos abiertos a cargo de prestigiosos directores.
- Ciclo de nuevos directores.
- *Las escuelas de teatro en el Centro.*
- *Ciclo de reflexión* sobre la actuación en la Argentina.
- Ciclo sobre las posibilidades plásticas, musicales y espaciales que brinda el hecho teatral.
- Ciclo de teatro breve.
- Convocatoria a grupos de investigación sobre sainete.
- *Ciclo de teatro callejero.*
- Muestras abiertas de talleres de teatro.
- *Convocatoria a actores para transitar con sus personajes por las salas del Centro generando situaciones improvisadas.*

LOS MAYORES EN EL CENTRO

Asesora: Marita Marelli

OBJETIVOS

La actividad está dirigida a los que saben disfrutar de haber recorrido muchos años y para los que quieren aprender.

Se intentará abrir canales de comunicación y creatividad en un encuentro entre todas las generaciones.

Las actividades se realizarán los días sábados de 10 a 13, como viene sucediendo desde hace 6 años.

ACTIVIDADES

- Expresión literaria. Con Graciela Bracaccini.
- Expresión plástica.
  Pintura: Rodolfo López Martino, Miguel Ángel Martínez, Jorge Romero.
- Construcciones. Con Susana Blanco.
- Juegos teatrales.
  Con María Elena Camba, Alejandro Robino, Carlos Palacios, Susana Blanco.
- Trabajo corporal.
  Con Nora Cherñajovsky, Graciela Scuri.

ESPACIO LECTURA

Asesora: Diana Saiegh

Con el nombre de *"El Eternauta" en recordación de Héctor Oesterheld,* se acaba de fundar en el Centro Cultural Recoleta el Espacio-Lectura, que cuenta con el aval de la Dirección General de Bibliotecas Municipales y con el padrinazgo del escritor, periodista y crítico de arte Miguel Briante.

Concebido como un espacio informal, liberado de trabas burocráticas, Espado-Lectura permitirá el acceso de lectores de todas las edades a todos los géneros y todo tipo de publicaciones, entre las que *la historieta y la literatura para niños y adolescentes tendrán un lugar destacado.* Se pretende hacer de éste un ámbito dinámico, de permanente movilidad, en el que sean los usuarios quienes lo vayan enriqueciendo y ajustando a sus objetivos.

Abierto a todo tipo de charlas de autores, presentaciones de libros y revistas orales, la creación de "El Eternauta" tuvo en cuenta que, en la vida actual, el televisor se ha convertido en la ventana principal de la casa desplazando a la lectura y, consecuentemente, a toda posibilidad de los chicos de generar sus propias imágenes y su propia fantasía. La paradoja es que hoy, los libros son, para muchos niños, verdaderos *instrumentos de vanguardia* que no se enchufan ni utilizan pilas.

Así es que la aventura del Espacio-Lectura "El Eternauta", acaba de iniciarse.

ALGO MÁS SOBRE LA SALA VACÍA

Ésta es una sala que por sus cualidades acústicas posibilita la exploración del sonido. El generador es el ser humano que ingresa y transita en él. Su cuerpo es instrumento, potenciando sus posibilidades en vínculo con el espacio.

Éste es un espacio concreto y hueco que hace posible, como todo hueco, el engendramiento.

Es una fuente generadora.

Es una grieta.

Una zona de entrada a otra dimensión desde esta dimensión de tiempo y espacio. Un intersticio, un hueco, un pasadizo.

La grieta intriga, pide el ingreso. El ingreso posibilita la incorporación de emociones a través del tránsito. Las emociones son generalmente imprevistas, como las fantasías: la consigna es que esta sala quede siempre vacía para entrar, salir y volver a entrar. Como el sonido, que surge de lo invisible y luego desaparece dejando huellas inasibles. Partiendo hacia otras latitudes, propiciando el nacimiento de nuevas y renovadas voces. Como un encadenamiento de bocas y orejas. (No cementar la grieta.)

Entonces es un lugar de gestación tanto como para el que quiera producir el nexo con el espacio como para quien quiera vincularse con quien está generando.

Aquí no hay obras terminadas, y todo lo que no está terminado llama a la participación.

Es una sala disparadora de lo oculto. Tiene de por sí las posibilidades de tender un puente hacia lo invisible.

Pone en movimiento el inicio de una "realidad" (otra).

La vida necesita de reguladores. Así, el tiempo indiferenciado, de acuerdo a la secuencia de fenómenos, es subdividido por el hombre en estaciones del año.

Y el espacio, que todo lo abarca en virtud de definiciones humanas, es diferenciado en puntos cardinales.

Esta limitación y control de la naturaleza sirve al hombre para su producción y estímulo. Para adaptarse al lugar y en la época que le corresponde.

Pero en lo cotidiano hay fisuras. Factores, situaciones inesperadas que movilizan, inquietan, que no corresponden a ningún plan "agendado".

No solamente me refiero a aquellas cosas que surgen al margen de los horarios preestablecidos, sino a aquellos hechos inexplicables que se manifiestan a lo largo de la vida, en vigilia y en sueños (que en algún lugar de la trama cobran sentido o no).

En ese "todo armado" que da sensación de dominio, de posesión, de control, y que ciertamente da contención, hay rasgaduras.

Ésta es pues, una rasgadura. Que da acceso a esa otra zona de la cotidianeidad en un lugar organizado y público.

MARIELA LAURA PRUSS
1989

ENCUESTA EN LA TERRAZA

Por María Teresa Noceti
Psicóloga Social

Encuesta llevada a cabo el domingo 17de septiembre de 1989 entre las 16 y las 18:30 hs. Pregunta: qué le parece este lugar, qué siente acá, y qué opina de la campana, y si tocó alguna vez una c.

M.: mujer, *V.*: varón, *ch.:* chico/a, *c.*: campana.

1- M. buenísimo, la 1ra. vez que llego arriba, se ve lindo Bs. As.
V. muy original, se combinan muchas líneas de diferentes estilos, la división de espacios con colores lisos con arcadas de otros estilos, muy pintoresco el lugar.
M. me llamó la atención ver el cementerio desde esta altura, no queda bien entre tanta vida, estar acá es vida y mirar allá te recuerda que se acaba en cualquier momento.

2- M. hermoso por las paredes, algo especial, es la 1ra. vez que vengo, quería que mi hija tocara la c. porque nunca vio una, sólo en una iglesia, de lejos, pero sentirla así no.

3- V. el transitar otra arquitectura te permite estructurar distinta la forma de pensar de lo que transitás cotidianamente, pensás tal el espacio que te rodea.
M. la c. es como tocar algo que tocaron otros, otra gente de hace mucho tiempo.

4- V. cuando toqué la c. sentí una paz interior, toqué sólo la del colegio. Hay mucho contraste aquí en la arquitectura, edificios viejos y antiguos por el panorama que se ve desde aquí, hay un montón de historia aquí y podemos formar parte, invadir esa historia, todo lo que circunda se ve parte de la historia y participa.

5- M. una maravilla, esto es lo mejor de todo el museo, porque el museo abajo tiene pasillos angostos, a mí me encanta andar por los techos, me emociona ver los ladrillos originales del convento y tiene textura de patio, se puede ver mucho estando escondido en un techo, vi que alguien tocaba la c. dije: qué bárbaro, y fui y toqué, es difícil tocar una c., resuena cuando vos no esperás que resuene, la prolongación del sonido es lo que yo quería oír, la campana está hecha para comunicar, así fue siempre, para llamar a la gente. Está lleno de cúpulas, son lindísimas.

6- chico. la c. es linda como en las películas cuando se casan en la iglesia y cuando uno va a misa, toqué sólo la de la escuela pero es chiquita. Da ganas de pasar a los otros techos como los gatos, hay muchas plantas, es medio raro por los ángulos de las paredes, está intercalado con los otros techos, lo de afuera es antiguo, el cementerio, tristeza.

7- chicas. las ventanas de acá están bien hechas, con la c. la vimos y nos gustó, desde abajo la escuchamos y pensamos que era de la iglesia, se ve todo mejor que de abajo, se descubren más cosas, el cementerio es triste.

8- M. sensación que es un corazón que conecta con muchas cosas, ves el río, la facultad de ing. y derecho, el techo de la iglesia del Pilar, la Recoleta, el jardín de invierno del Alvear, siempre me preguntaba cuándo van a habilitar esta escalera, me quiero quedar acá porque es muy alegre, no toqué la c. porque no quiero molestar a nadie, si no hubiera nadie acá, lo haría, las aberturas y paredes con ángulos me parecen Medio Oriente y me gusta el empalme de lo antiquísimo y lo moderno, deben andar los duendes (esto lo dijo la madre), acá estaban los monjes recoletos y había un viñedo.

9- M. es lindísimo, tipo antiguo, al aire libre, me gusta la vista de B.A. desde acá, sensación de pasado y presente, me gustan las flores, las plantas, mezclado lo moderno con cortes prismáticos y faroles.

10- V. jamás había mirado estas cúpulas (del auditorio), techos que jamás había visto, los monumentos de la Recoleta.

11- M. la vista de algo distinto, ver cosas antiguas de B.A. que a nivel del suelo no se aprecian.

12- M. bellísimo, ata cosas, cómo sería en esa época el convento, el pasado y el presente.

V. con la c. sentí placer, la primera vez que toco, estaba vedado tocarla, las c. eran para el clero, ahora hay libertad, y en la escuela la tocaban sólo los mejores, había discriminación, abajo no está anunciado que está la terraza.

13- V. y M. un lugar que no me pone límites, las paredes no son altas, me hace acordar a las terrazas de antes que se podía ver a lo lejos. La c. me encantó (M), alguna vez todos tenemos que tocar una campana, es un misterio, acostumbrados que la toque el sacristán, y ¿por qué no uno? Tengo mucho vértigo pero acá no porque hay paredes y me siento resguardada, es como espiar la ciudad, es como un balcón que da al cielo.

V. ventanitas, huequitos, lugar ideal para estar tranquilo tomando mate, y se siente el viento. Aprovechar esto para poner esculturas de granito, acá venimos siempre.

14- M. es lindo pero está muy encerrado entre el cementerio, la c. me encanta, añoranzas infantiles.

Chicas. sonido alegre de antes, antiguo.

15- V. y M. rebueno, porque está alto y podés ver la facu, el cementerio, hay una onda que nadie te cuida, uno puede hacer lo que quiere. Me sentí nenita tocando la c.

16- V. y M. no tiene nada que llame la atención, nunca habíamos subido, tendría que tener más color, más flores, desde acá ves techos y poco verde, todos sueñan con tocar la c., todavía no la tocamos.

17- chico. está perfecto porque bajé al techo de al lado y quería ver los muertos.

V. expansivo, sensación de libertad, que no dependés de nadie.

18- M. hermoso, novedad, sensación de ver la lejanía, el río, cementerio, iglesia, las torres, también la arquitectura que es moderna.

19- V. excelente, linda vista, lugar interesante como el cementerio, río, aeroparque, interesante la arq. de esta terraza, se acopla con lo inmediato. La c. no la toqué porque hay bastante

ruido, y no me gustan mucho las c. menos si son de iglesia católica.
M. muy bucno cl cspacio con medianeras abiertas, y poder disfrutar en esta zona esta altura sobre la ciudad en un lugar público, y la c. es hacer algo que nunca te dejaron hacer.

20- M. no me gusta nada, me siento en Alemania después de la guerra entre los muertos, la c. de cementerio y ese edificio donde vivían viejos todo destruido, es muy triste.
21- M. y V. es original, perspectivas impresionantes, contraste entre las formas modernas e históricas antiguas, ¿cuándo se hizo esto? V. la c. me hincha las pelotas, creí que era una iglesia desde abajo.
22- M. es un peligro, se pueden caer, se van a los techos, mírelos...
23- M. es muy lindo, parece que uno camina por techos. La c. me sobresalta, me taladra el cerebro.
24- V. muy fotográfico, la c. me rompe las bolas.
25- M. muy peligroso para los ch. por el techo que se pasan al otro lado, la c. no me gusta, como cuando en el campo llevan a los muertos y le dicen: "repicando el doble", en Corrientes.
26- M. muy romántico por los faroles, el estilo muy colonial. V. el paisaje está hermoso, de un lado el río y del otro se ve cuando el sol va cayendo, la primera vez que toco una c. y tenía miedo, no sé porqué.
27- chico. nunca te dejan llegar al campanario, es privado, hay guardias, y acá es un lugar libre y me gustó mucho tocar la c.

N. de la R. es copia fiel del original. Esta encuesta fue hecha en la parte de atrás de la terraza, subiendo a la derecha, las cúpulas son las del auditorio. Las torres también. Cuando yo agradecí que me hubieran contestado, hubo mucha gente que me agradeció a mí.
Edades entre 7/45 años.
Las preguntas fueron disparadas para entablar una comunicación que me sigue produciendo infinito placer. Fui encuestadora durante 19 años.

19/9/89

Durante su gestión en el ex C.C.R. Livingston habilitó y señalizó varios baños públicos que estaban clausurados no solamente en el interior del edificio sino también en las cercanías, sobre la barranca de Plaza Francia, para lo cual realizó gestiones ante la Dirección de Parques y Paseos. El artículo que sigue fue publicado en HUMOR en mayo de 1984.

"...Irala preguntó donde estaba el baño; don Alejandro, con un vasto ademán, le mostró el continente". (tomado del cuento "El Congreso", de Jorge Luis Borges).

El discreto encanto de hacer pis

Pasa 1 hora, 2 horas, 2 horas y media, No damos más. Seguramente a otros pasajeros les pasa lo mismo, pero se hacen los distraídos. Por fin el ómnibus, convertido a esta altura del camino en cámara de torturas, se detiene con un soplido bienhechor y el chofer nos anuncia, entre dientes, que habrá una parada de 10 minutos. Nuestras piernas entumecidas a duras penas nos sostienen frente a la desoladora -y por lo general helada- visión de un largo espinel de quioscos y boleterías. *¿Dónde está el baño?* No se ven carteles que lo indiquen. Preguntamos, con las rodillas juntas y una sonrisa igual a la de Peter Sellers en "La fiesta inolvidable". Los baños están *en la otra punta,* nos informan. Son 100 metros, más allá, 200 ida y vuelta. Un mínimo cartelito los anuncia, justo al llegar. Volvemos a la madre-ómnibus, sin tiempo ya para tomar café, pero aliviados y felices. Una pregunta nos inquieta, *¿faltará mucho para la próxima parada?* Por las dudas no tomamos ni un vaso de agua.

¿Por qué los arquitectos siguen escondiendo los baños "al fondo a la derecha" (estación de Luján, por ejemplo) como si estos gigantescos hangares fueran la misma cosa que cualquier cafecito de barrio? Desde el punto de vista del que dibuja estos edificios (siempre hay un baño cerca cuando uno dibuja), el baño es despreciable; las ventanas son chiquitas, "arruinan" la fachada... pero desde la perspectiva de los viajeros una estación de ómnibus debiera ser *un monumento al baño.* Los baños deberían estar en el medio, señalizados por carteles luminosos, convertidos en una suerte de altar donde todos deseamos celebrar la ceremonia desprestigiada, placentera, necesaria, hipócritamente ignorada, deseada, relajante, insustituible, económica, popular, ecuménica, femenina, masculina, única, intransferible, de *hacer pis.*

El país sin pis

En nuestro país el pis no existe, al menos oficialmente. Empieza por no figurar en el diccionario (salvo las denominaciones médicas o francamente groseras), se prohibe su visión entre personas de sexos diferente y se esconden los baños. En París, por ejemplo, los baños públicos son comunes para hombres y mujeres; cualquier señor puede ser visto (de espaldas) por todas las mujeres que comparten con él el baño. En casi todos los países hay baños de hombres cuidados por mujeres y en muchas ciudades existen chapas, en plena vía pública, que apenas ocultan la cintura de los ciudadanos que pueden allí hacer pis, con toda tranquilidad.

En la época de los reyes, en Francia, circulaban por los palacios personas con tarritos donde los nobles hacían pis, sin interrumpir sus conversaciones, cualquiera fuera el sexo de sus interlocutores. En las estaciones de Estados Unidos, los carteles que anuncian los baños son tan grandes y visibles como los que anuncian salidas de incendio, estos últimos una verdadera obsesión de norteamericanos y europeos. Sin embargo, uno no puede allá entrar en cualquier bar con el único propósito de hacer pis, como es posible hacerlo en la Argentina. *Antes hay que consumir algo* (!) y lo advierten mediante carteles que se ven por todas partes; de lo que podría deducirse que para los norteamericanos, igual que para los animales, hacer pis es tomar posesión de un territorio. Y eso no se permite así nomás a los extraños...

Pis desde las alturas

Los gauchos y los ciclistas saben hacer pis sin bajarse de su vehículo. Para los primeros, era una verdadera necesidad cuando llovía para evitar que se mojara la montura, y en consecuencia, las bombachas y la ropa interior. Los reseros se cubrían con un poncho encerado y desde allá arriba lanzaban su chorrito hacia el campo. Es un placer poco divulgado -casi secreto y sólo masculino- el de hacer pis desde una altura considerable, más todavía si cae sobre el agua de un río o del mar. La curva elegante que traza el chorrito en el aire y su sonoro remate final, nos transmiten una agradable sensación de poder, de seguridad, que todos -o casi todos- (no me imagino a un obispo por ejemplo) hemos experimentado alguna vez desde algún muelle o desde la cubierta de un barco.

Me acuerdo de una noche (1952), a las 3 de la mañana, en el balcón de la casa de un amigo que vivía enfrente de la mía, en Uruguay y Juncal, piso 7°. Juro que antes de competir nos fijábamos cuidadosamente que no pasara nadie. Si era así, esperábamos que se apagara en la distancia el quejido del último tranvía (el 17 ó el 10) que acababa de pasar, y lanzábamos al vacío nuestras silenciosas parábolas (por turno) de pis, que estallaban 25 metros más abajo, en medio de las vías. El campeón de ese día es hoy ministro plenipotenciario y es por eso que oculto piadosamente su nombre. No quisiera interrumpir su carrera diplomática por tan poca cosa...

Técnicas para hacer pis en lugares públicos

Podría describir uno por uno los numerosos árboles de Palermo convertidos en baños clandestinos por todos los que corremos por allí, en la línea Figueroa Alcorta. El más perfecto es el que está debajo del doble puente, entre Sarmiento y Dorrego. También hay otros que están habilitados solamente de noche o los que pueden usarse los días de lluvia, cuando es muy difícil que nos sorprenda un peatón desde una dirección opuesta a la de los autos. Esta descripción sólo haría sonreír a los atletas, que somos minoría; pero esa minoría hace el doble o el triple de pis que la mayor parte de las personas, debido a la gran cantidad de líquido que consumimos (2 a 3 litros diarios) para compensar la deshidratación.

Precisamente por eso, a cada rato me encuentro atrapado sin salida en algún lugar público sin baño a la vista. Es así que he desarrollado varias técnicas que generosamente pongo a disposición de los lectores.

Mi invento más conocido, que me dio celebridad entre los miembros más allegados de mi familia, es el que luego fue bautizado como *"técnica de Luján"*. La puse en práctica por primera vez frente a la basílica, en momentos de ser atrapado por una congestión de tránsito -dentro del auto, con mujer, chicos y amigos de chicos- causada por un endemoniado (!!) multicruce de procesiones que trasladaban varias vírgenes diferentes (después me enteré de que era la misma con distintos nombres). Ese día había corrido 15 kilómetros y tomado, en consecuencia, no sé cuántos litros de agua. No daba más y no podía abandonar el auto (mi mujer no sabía manejar en aquella época) por si se reanudaba el tránsito. Entonces bajé, me arrodillé entre el borde del auto y la puerta abierta, simulando examinar el chasis... descargué mi ansiedad, mis nervios y mi vejiga. Los chicos no lo podían creer, pero el caso es que pasé inadvertido. Nadie pudo relacionar conmigo el laguito que asomaba por el otro lado del auto; porque *lo que denuncia al pishador clandestino* (y esto es muy importante recordarlo) *es la actitud corporal general y no la "exhibición" o "no exhibición del miembro"*, como cree la policía, que hasta hace poco perseguía a los pishadores urbanos confundiéndolos groseramente con... ¡exhibicionistas!

Curioso término este de *"miembro"*, utilizado solamente por las autoridades policiales. Esta importante parte de nuestra anatomía, fuente de tantas satisfacciones y sanos esparcimientos, es, como miembro, el menor de todos en tamaño, y resulta, por lo tanto, fácil de ocultar, al menos mientras se encuentra en estado de reposo. Tanto es así que algunos falsos refinados lo ocultan con los tres dedos más chicos de la mano, estirados en forma recta, mientras que con el pulgar y el índice lo sujetan, como a la distancia con gesto de aprehensión. Esta actitud para hacer pis, es posible observarla en muchos hombres en los baños de los cines. Su falso refinamiento, parecido al de los que comen sándwiches con tenedor y cuchillo, suele ser completado con un lavado de manos *después* de hacer pis, cuando en realidad deberían hacerlo *antes*, ya que las manos necesariamente deben estar más sucias que el resto del cuerpo de alguien que se baña todos los días. Esta gente seguramente percibe el sexo como algo contaminado y contaminante.

Otras personas, cuando hacen pis en los baños, adoptan una mirada que parece recorrer nostálgica, un lejano horizonte de lagos y montañas, cuando en realidad enfrentan un azulejo amarillo, 20 centímetros frente a su nariz. En fin, dime cómo haces pis y te diré quién eres.

www.ingramcontent.com/pod-product-compliance
Lightning Source LLC
LaVergne TN
LVHW050544160826
845677LV00011B/2177

* 9 7 8 9 8 7 5 8 4 1 2 1 5 *